JN328291

視覚障害者のための子育て支援セミナー

親と子の絆

発刊にあたって

　近年、日本の社会は核家族化が進み、子育てをする際、相談する相手がなく、人によっては精神的に不安定になる人もいます。視覚障害者の社会も大きく様変わり、視覚障害者同士で結婚される方も増えています。そこで当会では現在、子育てをしている、あるいは、これから子育てをしていこうとしている視覚障害者のために、視覚障害者の子育て経験者による「子育て支援セミナー」を開催することを企画しました。幸い公益財団法人日本財団の助成を受けることができ、平成23年10月、東京の中野サンプラザにおいて「視覚障害者のための子育て支援セミナー」を開催することができました。本書はそのセミナーの内容をまとめ、パネラーの方によって追加訂正して頂いたものです。

　パネラーは、かるがもの会（視覚障害者が家族ぐるみで交際する会）の元代表、現在、子育て中の全盲の深谷志穂氏（ご主人は強度の弱視者）、全盲のご夫婦で奥様が外で働き、自宅で子育てをされている渡辺勝明氏、奥様は健常で

すでに男女のお子様を立派に育てられた長岡英司筑波技術大学教授、また、奥様に先立たれ二人のお嬢さんを育てられた、現在全盲の大橋由昌東京盲学校同窓会会長など、様々な経験談を基にまとめ、点字・拡大文字・デイジー等、多媒体で発行することにしました。

　本書は、視覚障害者ばかりでなく、他の障害者や健常者にとっても役立つことが多いと思いますので、是非お読み頂ければ幸いと思います。

　最後に、このセミナーなどの企画に対してご助成下さいました公益財団法人日本財団に厚くお礼申し上げます。

平成２４年３月２０日

社会福祉法人　桜雲会
理事長　高橋昌巳

目 次

1. 頑張らないけど諦めない（講師：深谷 志穂(ふかや しほ)）･････････ 4

2. 私たちの子育て日記〜（講師：渡辺 勝明(わたなべ かつあき)）･････････ 28

3. 子育て脇役奮戦記〜（講師：長岡 英司(ながおか ひでじ)）･････････ 60

4. 親と子の絆・父親の子育て体験から〜（講師：大橋 由昌(おおはし よしまさ)） 74

5. 二人の小さな恋人から教えられた事（講師：渡辺 勝明(わたなべ かつあき)）･ 92

6. 編集にあたって（渡辺 勝明(わたなべ かつあき)）････････････････ 108

1. 頑張らないけど諦めない

講師：深谷　志穂（かるがもの会　子育て相談員・元代表）

◆初めに

　ただ今ご紹介頂きました深谷志穂と申します。宜しくお願いいたします。

深谷　志穂氏（かるがもの会子育て相談員・元代表）

　具体的なお話に入る前に、簡単に私の家族構成をお話しさせて下さい。私は全盲で、夫は強度の弱視です。４人の子供に恵まれまして、一番上の子が１９歳の長女、高校１年の男の子、中学３年の女の子、小学校３年生の男の子です。

　さて、目が見えない中で子育てをしようということで、皆さん何かしらの不安があることと思います。しかし子育てというのは目が見える見えないにかかわらず、母になろう、あるいは父になろうと思い決心した場合には、それだけで皆さん不安を抱えることでしょう。ですのでとりわけ目が見えないからという事で、特別な不安を感じていらっしゃるということでもないのかなと思っております。とは

申しましても、見えないということでの不安もたくさんあるのかとも思います。そこで私の方からは周りの仲間から聞いたこと、私が経験してきたこと、そして不安に感じてしまうこと等をまとめてみると四つぐらいに分けられるかと思います。

　まず一つ目として、ミルクを飲ませるとかオムツを交換する、離乳食を作って食べさせる等の日々のお世話に関する不安。
　二つ目は、赤ちゃんや子供の体調を確認する等の健康管理について、また事故や病気になったときにどのように対応したらよいのかというもの。
　三つ目は、お散歩とか外遊び、お買い物とか、予防接種や定期健診等の外出に関する不安。
　最後の四つ目には、躾などの教育に関する不安というものです。

　今大きく四つほど申し上げましたが、皆さんこのようなことに不安を感じていらっしゃるようです。それから全てに含まれてしまうのだとは思いますが、特に何がというわ

けではないのですが、漠然とした不安というものもあるのかとも思います。私の場合、特にパニックになるような大きなものではありませんでしたが、やはりこの漠然とした不安というものが今振り返ると少々あったと思います。目が見えないということで自分のこともままにならないのに、そんな自分が一人の赤ちゃんを産み、育ててその子を立派な大人にして社会に送り出すという責任というようなものに、知らず知らずにプレッシャーや重圧感を感じていました。このような不安を持った私がどのように子育てをして来たのかということをお話ししていきたいと思います。

◆かるがもの会について
　まずお話ししたいのは、私を支えてくれた仲間との繋がり、地域コミュニティや公的支援などの周囲からのサポート、そして家族との繋がりについてです。

　最初に仲間との繋がりということで、かるがもの会についてご紹介いたします。この会については知っておられたり、すでに会員の方もいらっしゃるとは思いますが改めてご紹介させて頂きます。この会は正式には、「視覚に障害を

持つ親とその家族の会」という長い名前が付いています。この会ができたきっかけは皆さんご存知でしょうか？ちょうど２０年前位になりますが、大阪の方で全盲のお母さんが泣きやまない我が子を布団で窒息死させてしまったというとても痛ましい事件がありました。その事件を聞いた先輩ママが「きっとこの人はひとりぼっちだったのだろうな、仲間が居たなら違っただろうな」と感じました。そこで目が見えない中で、子育てをしていく上で一番大切なことは仲間だということ、情報交換と仲間作りということを一番の目的として、最初は８家族でかるがもの会がスタートしました。それから徐々に会員が増えていき、今に至っています。

　具体的に仲間作りということでは、皆さんで一緒にランチを食べたり、旅行に行ったり、また見えないとなかなか行きづらいような場所、例えば動物園ですとか遊園地などというような所に、かるがもの会でイベントを主催して皆さんで行ってみるということをしました。このようなイベントは今でも行われています。そこで親子の絆を深めたり、会員同士の繋がりを確認したり、それから会員の子供同士

で仲良くなったりというように、交流がとても盛んに行われてきました。

　また情報の交換や共有ということで、かるがも新聞というものを発行しています。当初は月１回のペースで発行されていました。２０年前と言いますと点訳されている育児書も少なかったり、今ではインターネットからも多くの情報を得ることができますが、当時はまだインターネットは日本にはありませんでした。すぐに自分自身で得られる情報というのは、テレビやラジオでやっているちょっとした赤ちゃん番組からというものでした。このように当時の皆さんにとって子育てをする時に頼りになる情報が、一般の人に比べて非常に乏しい状態でした。このような理由で育児雑誌や育児書からの抜粋を、かるがも新聞上で紹介して一般にはこのような情報がありますとか、またこんな便利グッズがある等を紹介していきました。現在かるがも新聞は２ヶ月に１回程度になりましたが、少しボリュームアップして、内容も最初の頃とは少し変わってまいりました。外からの情報というよりは、会員自身の体験談をたくさん載せるようになりました。会員の具体的な子育て方法や先

輩ママの体験談というような、現役の会員の生の声を届けることによって、子育てのヒントになったり、元気や勇気を頂いたりということで皆さん同士でより良い子育て、楽しい子育てというところを目指しています。最近では時々かるがもパパの子育てというのも記事にしています。パパがどのように子育て参加しているのかということをご紹介したりしております。

　このかるがもの会も徐々に大きくなり、今では北海道から九州まで全国に会員の方がいらっしゃいます。ピーク時は約１００家族ほどいらっしゃったのですが、現在は８０家族ぐらいとなっております。全国規模になったということで、皆さんでランチをするとか旅行に行くということはなかなか難しい状態になってきました。そのような事情に合わせて今は全国の皆さんが集まるイベントは、かるがもの会の総会に合わせて年に１回持たれ、泊まりがけでかなり大きなものです。これ以外として各地域の会員の皆さんからのご意見や要望をお聞きして、講習会やセミナーランチというものを行っています。例えば東京、名古屋、大阪というような場所でそれぞれ小さなイベントを開催したり

しています。

　これ以外では仲間作りや情報の共有ということで、ほとんどの会員がメールを利用されておられるので、かるがもでメーリングリストを作りまして、今６、７割の人が入っておられます。やりとりされている内容としては、ほとんどの会員は一般の印刷物の文字や手書き文字の読み書きはできませんので、幼稚園や保育園の先生との連絡帳や情報のやり取りをどのようにしたらよいのだろうかとか、今度親子遠足に行くのだけれど、ガイドヘルパーさんを連れて行った方が良いのか、それとも自分たちで頑張った方が良いのかというような質問、またこんな便利グッズが発売されたというような情報、またちょっとした悩み相談などいろいろです。このようにメーリングリストでは結構手軽にそして活発にメールのやり取りがされています。それ以外ですと全国に会員さんがおられるので、実際に会ってお話しするということはなかなか難しいので、スカイプの会議通話を利用して、会員同士でいわゆる井戸端会議のようなことをやってます。普通のママさんが幼稚園バスなどを待ちながらお喋りを楽しんでるように、子育ての話から家事

やお仕事のこと、それからおしゃれやダイエットのこと等、それこそ何の決まりもなくテーマを設けずに、今その時に思いついた話したいことを喋って、時間が来たら皆さんで繋いで、時間が来たら終わるというようなことをしています。これが結構ストレス解消になって、皆さん元気を取り戻したりされております。このようなことも定期的に開催しています。

　簡単にかるがもの歩みと具体的にどのようなことが行われているかお話させて頂きました。

　繰り返しになってしまいますが時代によって形というものは変化していきます。でも変化をしないもの、それはやはり「繋がりと支え合い」というものだと思います。見えないママ同士、パパ同士の繋がりそして支え合いというものがとても大事なものとして、私たちの間に引き継がれています。仲間がいるからそして仲間の励ましがあるからこそ頑張ることもできて元気になれる、また時には弱音や愚痴を言えるのも仲間だからという安心できる場所としてのかるがもの会は、これからもずっと大事に引き継がれて頂

きたいと思っております。そしてそのようにあるべきだと考えています。今、子育て真っ最中の方も、是非会に入って頂いて仲間になって頂き、さらにこれから子育てをされる方もこの大事な「思い」というものを引き継いで頂きたいと願っています。

◆ご近所との繋がり

今かるがもの会についてご紹介させて頂いたのですが、実は私自身がかるがもの会に入ったのは3番目の子がよちよち歩きをし始めたころでした。1番目2番目の子の時にもこの会の存在は知っていましたが、当時は入っていませんでした。それはなかなか会えない遠くの仲間というのも大切ですが、やはり毎日顔を合わせる身近な近所の人やママ友と言うのが、非常に大事でそのような人たちに支えて頂き一緒に子育てをしてきたという状況でした。確かに一般のお母さん達とママ友になるというのは、すごく不安もあったりハードルが高かったりすることもかなりあります。すでに仲間ができているところに最初に声をかけるというのは、大変勇気がいると思います。ママ友を作らなければならないということもないのですが、例えば保育園にしよ

うか幼稚園にしようかということでもその地域によって事情が多少異なったり、幼稚園や保育園を選ぶにもどこが良いのかということになると、そのローカルな情報と言うのがやはり有益です。具体的な幼稚園の雰囲気や教育方針のようなものですとか、あそこの園の園バスはここに停まるからあなたの家には近いのではないかという情報は近所の人から頂く方が有益です。実は私の家族は夫の仕事の都合で引っ越しをすることが多いのです。2年か3年ぐらいで引っ越しを繰り返したので、その都度いろいろな保育園や幼稚園に行くことになりました。それこそちっちゃな保育園から1学年2クラスあるような幼稚園にも通ったことがあります。それで分かったことは、やはり幼稚園や保育園それぞれいろいろな雰囲気やクラスカラーがあるということです。教えていらっしゃる先生や父母の皆さんが違ってくるので、雰囲気がいろいろと違ってくるのは当然と言えば当然なのですが、改めて実感しました。例えば同じ園や学校でも、上の子のクラスの雰囲気はフレンドリーで気軽に仲間に入れたけれど、下のクラスはちょっと入りにくい雰囲気だということがありました。これって学年が上がってもそのまま継続されてしまうのです。上の子の時はうま

くいったからといって下の子もうまくいくということでは必ずしもないようです。では私はそのような時はどうしたかということですが、私の場合「無理をしない」ということを大切にしています。上手にいった場合には中にそれなりに入って行き、役員をさせてもらったり、いろいろな活動に参加したりということをしてました。逆にどうしてもすぐに入って行けないクラスの場合には、無理に入って行かずにきっかけとチャンスをひたすら待つということに徹していました。きっかけとチャンスというものは待っていると必ずやってくるもので、誰かしら優しいママが「大丈夫ですか」とか「この席空いてますよ」みたいな声をかけてくださいます。それでそのママを通じて仲良くなることによって少しずつ仲間に入って行くということをしました。自分がどの辺にいると心地が良いのかということを一番に考えて、無理なくその場に入って行くということを心がけていました。とは言ってもなかなか難しいことなのですが変に肩に力を入れて何がなんでもママ友を作ろうとか、逆に視覚障害に理解のない人とは仲間にはならないというようにつんけんする必要もないと思っていました。ですからどちらの方向にも無理をしないということにしていました。

それとあとは子供の思いといいますか「だれだれちゃんの家に遊びに行きたい」というのをきっかけにして「家の子が遊びに行きたいといっているんだけど」とか逆に「この前勝手に遊びに行っちゃったみたいでごめんなさいね」というようなところから仲間を作っていったかと思います。確かにこのママ友作りも永遠のテーマと申しますか、皆さん苦労されていることかもしれません。

　次に地域コミュニティのサポートについてということです。ご存知のようにいろいろなサポートがあるのですが、一つだけお伝えしますと、どんな所でどのようなサービスが受けられるかがよく分からないと言う方は、保健センターにお尋ね下さい。定期健診とかの時に保健師さんからちょっといやなことを言われたから何となく電話し難いなという方もいらっしゃるかもしれませんが、やはり保健センターには子育ての情報として公的サービスや民間のサービス、そしてボランティアの情報等、いろいろと把握しているので何かしら教えてくれると思います。それから民生委員さ

んと繋がりがある方はそのような所から情報を得るというのも一つの手だと思います。

　では次に今回は私が体験した事で、本当に地域の人に助けられたということを二つほどお話ししていきたいと思います。

　例えば「見られていることは強み」と言うと、皆さんも何となくお分かり頂けると思います。目が見えなくて杖をついて歩いていて、そして子供を連れているというのはかなり目立ちます。早い話、見た目あぶなっかしくって、皆さん結構ずっと見てたりしてます。もちろんそれがいやな時もあるのですが、これに助けられることも結構あります。

　一つの経験は長女が２歳半ぐらいの時でした。当時二人目が私のお腹にいまして、かなり大きくなっていた頃でした。長女がかなりひどい熱性けいれんを起こしました。
　ちょうど主人もその時はいませんで、大きなお腹で１３キロぐらいある気を失った子を抱えてエレベーターに乗って、よろよろと歩いていました。どうしようもないので救

急車を呼びました。そのサイレンを聞いて近所の人がかけつけてくれました。その方は一緒に救急車に乗って、付き添って下さって、帰りはご主人が車で迎えに来て下さいました。本当にこれは「助かった！」という経験でした。

　もう一つは一番下の子が２歳の時でした。この子は一番上の長女にすごく懐いていました。その日もお姉ちゃんと一緒に楽しく遊んでいました。ところがお姉ちゃんは部活があるということで、途中で出かけなければならなくなり外出をしました。そこで弟はお姉ちゃんに付いて行きたくなってしまい、勝手に玄関から出て追いかけて行ってしまいました。もちろんお姉ちゃんの方はまさか弟が追いかけて来るとは思っていませんので、すたすたと行ってしまいました。弟は一人になってしまって、大通りを一人でとぼとぼと歩いていたようです。私はいなくなったことにはすぐに気が付いたのですが、どう探して良いのかわからず途方に暮れていました。するといつもお買い物をする八百屋のおばちゃんが家の子を見つけてくれて、家まで連れてきてくれました。普段買い物はしていますが家まで教えたことはないのですが、やはりなんとなく我が家の場所は、分

かっていたのでしょう。ちょっとびっくりはしたのですがこれも有り難い経験でした。

　それから2番目の子は高校生なので、やはりちょっと人並みに悪さもするのですが、近所の人が「あんたの子こんな所にいたわよ。」という様に情報が入ってくるので「ママはなんでそんなこと知ってるの？」というような感じで子供にいやな顔をされたりもします。このように本当に地域コミュニティに助けられながら我が家の子供たちは育てられてきています。

　とは言っても何にもない状態から自然にこのような関係が生まれることはなく、ここに至るまでにはそこそこの努力が必要です。たとえばもし地域や町内会で何かイベント等があった時には、少しおっくうかもしれませんがそこに足を運んでみたりしました。そうは言っても勝手も何も分からないで、突然運動会やお祭りへ行ったとしても、そこに積極的に参加すると言うのは結構難しいことです。なのであまりそう言うことには拘わらず、とりあえずちょこっと顔を出してみるだけでも良いのではないでしょうか。我

が家の場合は子供たちが好奇心旺盛で、しかもどこに行っても物怖じしないタイプでした。特に長女はお祭り女でしたから、おはやしが聞こえてきたりたくさんの人が集まってにぎわっていたりするのを見たりするといてもたってもいられなくなってしまうようで、自然にそちらに引き寄せられる子でした。なので私も彼女に引っ張られる形でその所に突撃してしまって、仕方ないので周りの人に「ここって何やってるんですか？」などと聞きつつ、とりあえず長女が納得するまでそこにいたりしていました。そうするうちに「何かお手伝いしましょうか？」とか「あなたあそこのマンションに住んでる方よね」と言う感じで話しかけてくれる人も現れたりします。そしたらそれをきっかけに周りの状況を教えてもらったり、そこからいろいろなおしゃべりに発展したりなんてこともありました。そんな時には別れ際に「おかげで今日はとっても助かりました。もしどっかで見かけたらまたお声をかけてもらえますか？私の方からはなかなか皆さんをお見かけしてもご挨拶もできませんので。」と話をします。もちろんそのように言ったからこの先必ずその方が声をかけて下さるということはそれほど期待は持てないのですが、とりあえず「目が見えない人に

はこちらから声をかけなければ分からないんだな。」と言う事に気付いてもらうきっかけぐらいにはなるかもしれませんし、そう言うことで充分だと思っています。それで後に本当に声をかけてくれる人がいたら、すっごく嬉しくなるでしょ。私の場合は子供たちのおかげでそう言うチャンスを得ることができました。またその他にごみ出しに行った時とかにたまたま出くわした人とか、家の前ですれ違った人にこちらから挨拶をする様に心がけてみるだけでも、もしかしたら何か違って来るかも知れません。一般の目が見えている人を見てると、いつも見る顔に出会うととりあえずお互いに軽く会釈したりしてますよね。見えない私たちにはそれはちょっと難しいので、その代わりに知り合いであろうとなかろうととりあえず挨拶してみて、もしそのままスルーされちゃってもそれは気にしないというようにしています。そうするうちにいつも返事を返してくれる人はこちらでもだんだん声を覚えてくるので、相手の様子を見つつですけれど、挨拶の後に「今日も寒いですねえ。」みたいに一言添えてみたりしています。逆に相手から声をかけてもらえたりもして、そこから顔を合わせたら一言二言会話を交わす間柄になることもあります。その後さらに親し

い関係に発展することもあるでしょうし、それだけの関係で終わるかも知れないですが、それはそれでよいでしょう。それに私達の場合は相手の顔が見えていない分、相手が私に声をかけるかどうか、あるいは私の挨拶に答えるかどうかは、その人の気分で勝手に決めてもらえるので、相手を変に縛ることもないと思うので、その分気楽なのかとも思ったりもしています。でもこのように言ってる私もこう見えて実は初めての人や知らない人とお話をするのはすごく苦手です。見えない人は特にそうでしょう。そしてそういう私を助けてくれたのもやはり子供たちです。周りの人たちも私が一人でいる時よりも、子供が一緒の方が話しかけやすいってこともあるようで「お子さんおいくつ？」とか「赤ちゃん今日もご機嫌ねえ。」等、子供ネタで話しかけてくれます。あるいは私に直接ではなく子供に向かって「僕ちゃんおはよう。」と声をかけてくれるだけでも当然赤ちゃんの我が子は返事ができないので、代わりに私が、「おはようございます。」と返事をしたりして、そこから会話が始まることもよくありました。また特に長女の場合はとにかく表情が豊かで人懐っこい子でしたので、誰かと目が合うだけで満面の笑顔になったり、時には嬉しそうに手

を振って挨拶したりしていました。どうやらそういう我が子の様子が周りの人たちのハートを射止めたりしてたみたいです。ということで私たち夫婦の間では子供たちのことを「我が家の外務大臣」と呼んでいます。それで今は３代目と４代目の外務大臣が活躍中です。

　ここまでご近所付き合いについて話をしてきましたが、ここで大事な事はご近所さんとの関係について「何かやってもらえるものだ。」とか「やってもらって当たり前。」と思って最初からそれを期待するのではなく、まずは私達も自立した一人の社会人として地域の中で暮らしていて、その上でもしご近所の方が声をかけてくれたり、時にはちょっと手を貸してくれたりした時にはそれに対して心から感謝するという意識が必要なのではないかと思います。

　最後にやはり家族という存在は欠かせない存在で、私の実家も主人の実家もかなり遠方なので、両親に子育てを直接手伝って貰うことができませんでした。そのため両親の手を借りることは不可能だということが、私達に知らず内に覚悟させていました。何とか私達夫婦でやっていかなけ

ればならないということで、腹が据わりました。子育ての中心は母親の私でしたが、私一人ではどうにもならない所はもちろん主人に手伝ってもらったりもしました。それでも最終的には両親は一番のサポーターということになるので、今も申しましたが両家ともかなり遠方でしたので、普段は見守ってもらって本当にどうしようもない時は手助けをしてもらうという関係性ができていました。ということで普段は好きに子育てをさせてもらいつつ、でもいざというときは手を貸して貰うという、とても良い環境であったと思っています。夫にも両親にも感謝しています。でもやはり一番私が感謝しているのは子供たちです。

◆離乳食、お返事遊び等

　母親が目が見えないとなると子供たちは赤ちゃんのうちから特に教えなくてもそのような環境の子になってしまいます。例えば離乳食を食べさせるということ一つ取っても、最初のうちは不安で私も慣れませんでした。口にあげずに鼻にあげたり顎にあげたりもしましたが、段々スプーンを出しただけで、子供の方から口を持って来てくれるようになって自分の方から食べるようになってくれました。スプ

ーンにすくってあげれば勝手に食べてくれるというようになりました。これをするために私が心がけていたことは、食事の時間は楽しい時でスプーンは仲良しなんだということを忘れないということでした。

　その他に、子育てでちょっとだけ工夫をしたことは、赤ちゃんというのはすぐにどこかへ行ってしまいますが、どこへ行ったか分からなくなってしまわないように鈴を付けたりといろいろな方法はあるのですが、私は生まれてすぐから「お返事遊び」というものを続けていました。本当に小さな時から「何々ちゃあん」、「はあい」という遊びを繰り返し繰り返し行いました。まだまだ小さいうちでもたまたま「あああ」と声を出しただけでも、「お声出せたんだ。お返事できたんだ。」とすごくほめあげて、呼ばれたら返事をするとほめてもらえるということをすりこみました。そうすると反射的に返事をするようになりました。呼べば返事をしてくれるので「あらテーブルの上にいたわ。」とか、返事の声がちょっとこもっているような時は「何お口に入れてるの！」ということも分かります。これが私が見えないなりに考えついた工夫です。それから「お母さんは目が

見えないから手を離しては絶対にだめよ。」と無理矢理に言い聞かせるよりは「お母さん分からないから連れて行ってちょうだい。」というようにして、お母さんを連れて行かなければならないからわたしが手を繋いでなければ、と言うように、子供たちに協力をしてもらう形を作るというものでした。「だめだめママだからよろしくね。」と言うスタンスでやってきたので、今となっては本当に逆転してしまって子供たちに親育てをしてもらっている状態です。

◆最後に

　ここまでお話ししてきましたのは、私の子育てということで、もちろん皆さんがどのような子育てをしたいのかによってそれぞれ変わってくると思います。何をしなければならないとか、子供を育てるにはこういう親にならなければならないということでもないと思います。そうではなくてどんな子供にしたいのか、この子たちと一緒にどのような生活をしていきたいのか何をしてみたいのかということから子育てを考えてみるというのが大切だと思います。そのためには何があった方が良いのかということを考えるべきではと思います。皆さんの周りのリソース、例えばお友

達だったり子供たちだったり、両親やパートナーであったり、あるいは他の支援だったりといろいろなものを皆さんなりにコーディネートするという方向で、皆さんが自由に組み合わせていければきっとすばらしい子育てライフが送れると思っています。一般の見えるお母さんと見えない私たちを比べてもしかたないことですし、見える人と全く同じ事ができないのはあたりまえのことです。器用な人そうでもない人いろいろといらっしゃいますので、人と比べてもつまらないだけです。私は私なりの子育ての楽しみ方を見つけてきたということになります。

　最後にメッセージです。今日のこのタイトルにさせて頂いた、「頑張らないけど諦めない。」という言葉、実はこれは私の最近のマイブームになっています。頑張りすぎてしまったお母さんも何人か見てきました。「見えないけど子育てをすると決めたんだもの！！」というように頑張ることも非常に大切なのですが、やはり頑張りすぎると体にも精神的にも余裕がなくなってきます。自分自身に余裕がないと子供たちにも温かい目で接することが難しくなったりします。頑張りすぎないでも私は自分なりに子育てをしてい

くんだとか、子供と一緒に旅行をするぞとかのように
ちょっとした目標があるということでしたら、そのために
できることはないかなと、諦めずに長い目でずっとそれを
追っていくということが大切ではないかというのが私から
のお話です。

2.私たちの子育て日記～
講師：渡辺　勝明（主夫）

◆初めに

　我が家の今の家族構成は８歳の長男、６歳の次男と私たち夫婦の４人です。私たち夫婦は二人とも全盲です。私は生来の怠け者でどうしても外で働くことができない人間でして、ところがたいへん有り難いことにそれを見越した妻が外で仕事をしてくれています。こんな状態ですので周りからよく「あなたは何をなさっているのですか？」と何となく聞き難そうに尋ねられます。そのような時に、私は「無職です。」とストレートに答えるべきだとは分かっているのですが、何となくズバリそのように言うのは決まりが悪く、そうだからと言って胸を張って「主夫です。」と言うには、毎日一生懸命に主婦業に従事している皆さんに申し訳ないと思ってしまいます。そこで私は以前は「ニートで・・・。」と答えていました。ところが最近「勝明さんニートと言っていいのは３４歳までです。」と福祉分野で活躍している高校の時の後輩に言われてしまい

渡辺　勝明氏（主夫）

ました。「そうだったのか。」と変に納得してしまい、ではこれからなんて答えようかと考えました。そこでネット上では何もしないで家でぶらぶらとしている人を「自宅警備員」と言うようで、「なるほどこれはうまいこと言うなあ。」と感心してしまい、それ以降「自宅警備員です。」と言っています。こんな馬鹿馬鹿しいことをのほほーんと言っていられるのも総て妻のおかげなのですが・・・。

さて私は意外に思われるのであまり口には出さないのですが、昔から小さな子供は嫌いではありませんでした。若いときにあまり他人の子をじろじろと見たりすると、ただの怪しい人にしか見えないでしょうし、ましてや目が見えないうだつの上がらないおじさんがとなると怪しさは一層増します。そんな私にも今から8年前に長男が生まれてきてくれました。理屈抜きでかわいいと思ったものです。私たち夫婦は幼い頃から視力を失って生活を送ってきました。ですので一人で何でもできると言うと少し嘘になってしまうのですが、一人で外出したり買い物に出かけたり、炊事洗濯など生活にすぐに直結することは何の苦もなくできました。ですから子供ができたと分かっても世間並みな心配

事があるぐらいでどうやってこれから育てて行けばいいのかというような心配はしませんでした。ですが一つだけ大きな心配事がありました。それは私たちの目の病気が遺伝する確率があるという事実です。このことは前から知っていました。なので長男が生まれて２週間後に検査に連れて行きました。　残念ながらこの心配事は現実のものとなり、生まれて１ヶ月半後に入院をすることになりました。確か七夕の時だったと記憶しています。大きな治療を終えて半年後の年末に退院しました。その後も２ヶ月に１度ぐらいのペースで２、３日入院をして治療をするということを繰り返し、３歳になる直前までこのような状況が続きました。今は弱視になってしまいましたが、元気に学校に通っています。「子供に遺伝する可能性があるのに、なぜ生んだのか？」とか、またあえてもう少しラディカルなものだと「分かっていて障害者を作り出すのか？」というものもあります。このようにかなり過激な意見もあるのですがどれも私は尤もだなと受け止めています。ですがこれに対する鮮やかな反論は正直いまだに持ち合わせていません。ただ一つだけ確実に言えることは、素直な気持ちで「生まれてきてくれて本当にありがとう！」ということだけなのです。

上の質問に対する私なりの答えや解釈ができていないのでこれ以上何も書けないのですが、私が死ぬまでに自分なりの答えができるのかは分かりません。ですがこれからの話の流れ上必要になると思いましたので、ちょっとだけ触れさせて頂きました。

　さて話を具体的な私たちの子育て経験に戻しましょう。

◆病院薬や予防接種について

　長男が半年入院することになり、妻は病院に泊まり付き添うことを選びました。もちろんそれぞれの家庭の事情で、どうしても1日中は付き添えないというご家族もおられます。何とか時間をやりくりして、子供のそばに付き添うというお母さんお父さんもその病院にはたくさんおられました。また全国から治療に来られるので、近くにそのような患者さんの家族が1日安く泊まることができる施設もありました。幸いなことに私たちはこの病院から電車で1時間半ぐらいの所に住んでいたこと、妻が子供と一緒に寝泊まりできる状況でしたのでそのようにしました。その間私は何をしていたかと言うと、ほとんど毎日3食分の簡単なおかずを作り病院へ持って行き、子供と過ごすというもので

した。大きな病院なのでコンビニも入っていて食べ物や雑貨品等はそれなりに揃えることはできるのですが、金銭的に追いつかないことと、毎日コンビニのものではカロリーが多くて太ってしまいます。おかずは運んで行き、ご飯はどうしたかといいますと病室の近くに付き添いの皆さんのための簡単なキッチンスペースがあって、そこには電子レンジがありました。今でも手に入るはずですが、レンジ用の１合炊きの容器が販売されていましたので、これでご飯を炊いていました。結構おいしく炊けます。２０分ぐらい連続でレンジを使わないと炊けないので、夜中に炊いていました。看護師さんに「夜中の３時ぐらいになると良いにおいがしてくると思っていたら、渡辺さんでしたか。」と言われたこともありました。他の付き添いの方からもレンジでパスタがゆでられるものを見せてもらったこともあります。すでに８年前ぐらいのことなので、今はもっとたくさんのレンジで利用できる便利グッズや食材があると思います。もちろん病院にいるときにも便利ですが、お母さんが一人で昼間子育てをしているときに自分の食事でレンジをフル活用できると効率アップできます。「これってレンジでできるものあるかしら？」と最初に考えてネットで検索

してみるとよいでしょう。

　さて私が病室にいられる時は、その間妻はシャワーを浴びたり食事を取ったり洗濯をしたり等、身の回りのことをしていました。4人の大部屋でしたので男性は夜付き添うことはできなかったのですが、治療の過程で個室に入ることもありました。その時は男性でも付き添うことができたので、そんな時はなるべく私が子供と過ごすようにしました。ミルクをあげたり薬を飲ませたりおむつを替えたり、また一緒に遊んだりと正直たいへんというより楽しい時間を過ごせました。ノートPCを持ち込んで、合間にちょろちょろ仕事っぽいことも結構できました。このような入院生活でしたが何度か一時退院をして、1週間家に帰ることができました。長男は抗癌剤を入れるためにカテーテルを鎖骨の下に付けていました。そのカテーテルから朝晩毎日2回、そのカテーテルのルートがふさがれないように注射器で薬を入れなければなりませんでした。これはさすがに私たちには無理でしたので、一時退院の間は訪問看護師さんに来て頂きました。

さて病院にいて「なるほど」と思ったことに、赤ちゃんに薬を飲ませる方法があります。当時朝晩ファンギゾンと言う薬を飲ませなければならなかったのですが、病院では針がない注射器を利用して飲ませるという方法でした。注射器にシロップの薬を入れ赤ちゃんを仰向けに寝かせて、注射器のピストンを利用して少しずつ口に入れて行くというものです。勢い良くピストンを押してしまうと気管の方に薬が入ってしまうので、あくまで少しずつ、1滴目を飲んだことを確認してピストンを再び押します。この方法で結構ちゃんとこぼさずに飲んでくれましたし、トラブルはありませんでした。この方法で今まで例えば風邪を引いた時など、病院から薬を貰った場合には飲ませていました。ところがこの注射器本体が私が探した限り街の薬局では手に入れることができませんでした。大学病院に入院、そして通院していたので、その病院内で学生向けに売られている注射器を売店で多めに購入していました。飲み薬はこれでスムーズに飲ませることができたのですが、少したいへんだったのは目薬を注すという時です。施術後たしか2ヶ月ぐらいの間、毎日6回3種類の点眼をしなければなりませんでした。自分に点眼をすることは造作もないことなの

ですが、赤ちゃんにするとなると、これはかなり困りました。お分かりのようにちゃんと薬が入ったかどうかが全く判断がつかないのです。しかたがないので両手をきれいに洗い、無理がない程度に左手の親指と人差し指で瞼を開かせ、右手で目薬を持ち、瓶の先端が眼球に触れないように、でもぎりぎりの位置まで近づけ瓶の側面を押すというものです。薬が入ったかどうかの判断ができないので、ついつい多めに薬を入れてしまって、ほっぺたの方まで薬が垂れてしまったことはしょっちゅうでした。通院の時に、目の方に異状がなかったので、問題なく薬は入っていたのだとは思います。もちろん赤ちゃんにとって目薬を注されるという事はいやなことなのでかなり暴れてしまいます。これも病院で習った方法なのですが、大きめのバスタオルの真ん中に赤ちゃんを仰向けに寝かせます。両手は気をつけの位置にし、足も揃えて伸ばします。そしてタオルを両サイドから巻くという方法です。これだと手も足も固定されます。苦しくないように、でもその上からしっかりと押さえます。赤ちゃんはかなり泣いてしまいかわいそうで心が痛むのですが、病院でも目の検査や採血の時などはこのような方法を採っていました。

ある程度大きくなって体が丈夫になるまでにはいろいろな病気や、いわゆる風邪もよく引いたりもします。その時にどんな名前の薬を使うのか、またその薬の簡単な働きなどを覚えているのがベストです。かかりつけの医師の所に行くときにはそれほど問題はないのですが、休日診療を受けたり、救急でいつもと違う病院に行かなければならないときには、覚えている方が話が早く進みます。もちろん薬局で薬を処方される際に出されるお薬シールを貼った手帳を持っていることも大切なのですが、どうしても印刷文字が読めない私たちはそのシールをなくしてしまったり、自分でうまく整理ができないのでどうしてもわけが分からなくなってしまいます。私は薬というものに多少興味があるので、名前を覚えたりどのような時に使われるのか調べたりすることにはあまり抵抗感を感じません。風邪を引いたときによく使われる薬の名前、特に抗生剤の名前ぐらいは覚えておいた方がスムーズにことが運ぶでしょう。細かい薬の働きまでは覚える必要はありません。例えば粉の抗生剤をジュースやミルクで溶かして飲ませる場面は、しょっちゅう出てくるはずです。例えばよく風邪で出されるフロモックスという抗生剤は、たいていどのジュースやミルク、

乳製品に溶かしても味はそれほど変わらないのですが、クラリスやジスロマックと言う抗生剤は酸味のあるオレンジジュースやスポーツドリンク等に溶かしてしまうと、余計に苦味が増して飲めたものではなくなります。実際間違ったことがあって、この時私も一口味見をしてみたことがあります。口が「えー！」となるぐらいの味になっていました。このようなものにはミルクや牛乳またアイスクリームに溶かして飲ませて下さいと薬剤師さんに言われるとは思いますが、時々薬剤師さんによっては忘れてしまったり、注意書きにあるからいいかなとついつい説明が省かれてしまうことがあるかもしれません。ですので何に溶かして飲ませたら良いかは忘れずに聞くような習慣を付けておくべきです。また薬によっては１日３回ではなく、例えばジスロマックという抗生剤は１日１回で三日間だけ続けて飲むというものです。薬の飲み方は薬剤師さんも間違いなく教えてくれるはずですが、この辺も注意しておきましょう。その他に１日３回飲むのが一般的なものでも、「保育園に通っているので１日２回にできませんか？」と医師に相談することも有効です。２回にできるものも実際にあります。医師と相談してみて下さい。その他特に注意することは赤

ちゃん用に出される薬はシロップ、つまり水薬で出されることが結構あります。シロップだと毎回1cc飲ませて下さい等と指示されます。この1ccだけと言うような微妙な計量は、私たちには不可能ではないのですが、かなり難しいことで効率も落ちます。粉薬の方が1回分の小包装になっているので、これを何かに溶かしてあげることができて私は楽です。ですので医師に予め「薬はシロップですか。ドライシロップ(粉薬のこと)ですか。」と尋ねて事情を話し、相談しましょう。薬局で薬をもらうときにシロップであることに気が付いてその場で粉にできないかとお願いしても、薬局側としては再び医師の指示を受けなければならなくなるので、この様な相談は予め医師としておくべきです。どうしてもシロップタイプしか処方ができないこともあります。その場合薬局には1ccしか計量できないような本当に小さなカップがあると思います。これをもらって来て、手をしっかり洗い指先で何とか確認し計量するしかないと思います。

　赤ちゃんや小さい子が熱を出すと「とにかく脱水にならないように。」と医師に言われます。かと言ってミルクば

かり飲ませるわけにはいきません。医師に相談してもらうのが一番良いのは当然ですが、スポーツドリンクを与えて下さいと言われます。ただ一般に売られている、例えばポカリスエットでは赤ちゃんには濃すぎます。赤ちゃん用のポカリスエットというものが売られていて赤ちゃんに適した濃度になっています。これを利用するのが良いでしょう。問題は値段が少し高いということです。私は買い忘れてしまってどうしてもすぐに欲しい時は、一般のものを、一度沸かして冷ました水で半分に薄めて飲ませていました。その他にいわゆる赤ちゃん用の粉末の果汁もあります。これは白湯で溶かすものです。食欲旺盛でミルクばかり飲ませると、どうしても赤ちゃんの体重も気になってきます。こんな時にミルクのプラスアルファーとして果汁を与えていました。

　それから体温計ですが、今はもう少し良い物が出ているようですが、私たちも音声体温計を使っていました。ですがこれはあまり当てにならないようで正確な値を出してくれません。熱があるかないかの目安にはなるのですが、でもそれぐらいのことは体に手を当てるぐらいでも判断でき

ます。私の家は歩いて5分ぐらいの所に小児科があるので、ちょっとおかしいなと思ったらすぐにおんぶして連れて行きました。また当てにならない音声体温計しかなかったので一般の水銀の体温計も持っていて、いざというときは近所の人に見てもらっていました。

　それから妊娠が分かると母子手帳をもらいます。これには生まれたときの体重や身長、それから今までどんな予防接種を受けたか等、いろいろな事が書き込まれていきます。赤ちゃんから小学校に入学するぐらいの間は、病院やその他保健センター等の医療機関に行くと、必ず母子手帳を見せて下さいと言われます。お子さんの保険証や診察券同様、必ず持参した方が良いでしょう。その他、母子手帳には赤ちゃんの成長に合わせてどのくらいの時期にこのような事ができる等、予め知っておいた方が良い事も書かれています。点字の母子手帳もあるのですが、正直言うと私は母子手帳の内容にはほとんど目を通したことがありません。何か不安になったり疑問に思ったときは医師に相談していました。ネットもあるので検索する人もいるかと思いますが、決してネットの情報は話半分、参考程度に止めておいて医

師に相談するのがベストです。

　予防接種をすると母子手帳に記録を書き込むようになっています。病院や予め指示があった場所に行って接種すると、手帳に判子などを押してくれます。判子を押してくれる場合は良いのですが、ちょっとした付箋のような小さな紙を貼付されることもあります。この貼付される紙は時間が経つと剥がれてしまい、どこかへ行ってしまいます。そのため母子手帳にきちんと書き込むか、自分のメモに、いつどういう注射を受けたのかは書いておくべきです。私たちのようにすぐに母子手帳を見ることができない場合は、自分で分かるようにしておき、なるべくいざというときに分かるようにしておきましょう。また行政機関から年齢に合わせて、その時期に近づくと「この予防接種を受けて下さい。」というお知らせと、接種の際に医療機関に持って行く用紙が必ず送られてきます。普通の文字で書かれているので、私などもついついどこかへ紛れ込ませてしまったり、結局見つからないということもありました。用紙は再び発行してもらえます。それから一般的に受けなければならない予防接種はきちんと接種すべきです。長男の場合は入院

が長かったことと治療の都合もあったので、時期は遅れてしまったのですが医師と相談してきちんと接種しました。また水疱瘡やおたふく等の予防接種は任意なので、お金を払えば接種することができます。この辺も余裕があれば接種してもよいかと思います。ですがまず最初は行政などで指示されるものをきちんと接種しそれからこれらの予防接種を検討しましょう。繰り返しになりますが予防接種のことも不安に思ったら、医師に相談すべきです。

　それから夜中などに急にタクシーで病院へということは必ず1度や2度は出てきます。タクシーの電話番号をメモしておくのは当然ですが、よく行く病院やまた自宅周辺の地図を常に鞄に入れておくと必ず役に立ちます。車に乗ってしまうと、私たちは道を説明することは難しいです。大きな病院ならば一言で運転手さんも分かってくれますが、そうでもないとなかなか分からないものです。それにタクシーで自宅に帰る時などはなおさらで、住所を言ってもその周辺まではすぐに行けますが、ピンポイントに家の前まで車を着けてもらうには詳しい説明ができないとほぼ期待できません。最近はナビを積んでいる車も多いのですが、

分かりやすい地図を持っているのがお願いする自分自身にも負担が少ないですし、小さな子連れですとなおさらです。一から地図を書くのはかなり大変なので、ネットにはたくさんの地図サービスがあります。ここに自分の家の番地や目的地の番地を入れると、その周辺の地図をプリントアウトできます。その紙に予め目の見える人に、目的地に分かりやすい印などを書き込んでおいてもらうとより分かりやすいものになります。

◆ミルクについて

　私たちは母乳とミルクを半々で育ててきました。特に妻は昼間外で働いていますので、その間は私がミルクを作っていました。粉ミルクの缶を買ってくると分かりますが、付属の計量用のスプーンが付いてきます。このスプーンすれすれ一杯で２０cc分というように書かれています。例えば１００ccのミルクが必要な時は、このスプーンで５杯分ということになります。少し難しいのは哺乳瓶にどのくらいのお湯が入っているかを確認する時です。

１００ccのミルクを作りたいのであれば、当然１００ccのお湯を瓶に入れなければなりません。瓶の口は細いので手を入れてどの辺まで入ったかを確認するのは無理です。そこで薬のところでも書きましたが予め１００ccならば１００cc用の計量カップを用意しておいて、そこにいったんお湯を注ぎそれを哺乳瓶に入れれば間違いなく計量ができます。少し大きくなれば２００ccぐらいは飲みます。その場合は２杯ですよね。

　赤ちゃんに泣かれて慌ててミルクを作ろうとすると結構手間がかかるものです。計量スプーンでこぼさずに有る程度正確にと思って作業をするのですが、特に夜中に泣き叫ばれて慌てて眠い目をこすりながら準備をしようとするときなどはなおさら慌てます。予め１回分のミルクの粉を小分けにしておくと、それをぱっと入れて作ることができます。小さな普通のタッパに小分けにしておくのも良いでしょうが、私は赤ちゃん本舗で売られていた小分け用の容器を買ってきてかなり便利に使っていました。これは小さな丸い容器が３段重ねになっていて、つまり３回分の小分けができるのですがこれに漏斗のような円錐形の口を付け

て、それを哺乳瓶に入れるようになっていました。これを時間があるときに準備しておくのです。するとミルクを作ってそれを流水で冷ますまでの時間を含めても、3分ぐらいでミルクをあげられるようになります。その他にこれは外出先では便利なのですが、200cc分とかがスティックになっている粉ミルクもあります。これらを利用するのがお勧めです。

　それから哺乳瓶や乳首の煮沸消毒についてです。これには私たちは電子レンジを利用していました。レンジで煮沸できる専用のケースが売っています。この中に3本ぐらいの哺乳瓶と乳首を入れます。そのケースに200cc位の水を入れ10分ぐらいチンするものです。病院生活のところでも触れましたが、レンジの便利グッズはたくさんあって子育て中には本当に強い味方です。

◆離乳食について
　離乳食を食べるようになると、母乳やミルクだけで済んでいた時期よりむしろ時間的には大変になると思います。瓶詰めやレトルトの離乳食もたくさん種類が売られていま

す。これを毎回利用しても良いのですがやはりお金がかかります。安いときにある程度買いだめしておいて時々利用すると言うのが現実的です。私たちも瓶詰めやレトルトのものを結構利用しましたが、もちろんよく食べる物は作りました。最初は本当に水のようなお粥に、湯通しをして塩気を抜いたシラスを混ぜたり、もう少し大きくなると骨が少ない白身魚や鶏のささみ、またはお豆腐とかにんじんや玉葱を細かく切って煮込んだ物を作りました。定番でしょうが林檎をすりおろしたり、またそれにバナナをつぶしたものを混ぜたり、パン粥つまり食パンをミルクや牛乳で煮たものなどを作りました。それからミキサーがあると離乳食作りには便利です。お粥や魚等の煮物はある程度の量を作って、小分けにして冷凍にしていました。もっと大きくなると子供用のカレーを作っておいてこれを牛乳パックに入れて冷凍しておきます。必要な時は少し解凍して、牛乳パックを必要な分だけ輪切りにして、それをレンジにかけていました。そうすれば容器を洗う手間も省けます。残った牛乳パックのものは、切り口を空気があまり入らないように、アルミホイルやラップで包装して、再び冷凍していました。

二人とも食事はいやがらずに食べてくれましたので、食べさせると言う事に苦労は感じませんでした。私が軽くあぐらをかくようにして座り、両足の間に子供を座らせスプーンであげていました。赤ちゃんが食事の時に使うプラスチック製の前掛けを使うのですが、やはり膝の上や周りにこぼしてしまいます。我が家では、生協の宅配で食料品を取っているのですが、これに入ってくるビニール袋がちょうど良い大きさで、それを手でちょっと裂いて、座らせた子供たちの膝の上に大きなナプキンのように広げ、それが動かないように２、３箇所テープで固定していました。食事が終わればそれを取って棄てればほとんど周りは汚しませんでした。その他には某点字出版所や点字新聞で使われている見開き用の大きな点字用紙が、大きさ的にちょうどよくて、同じような方法で利用させて頂きました。その他のシーンでも、例えばおむつ交換等でもこの紙は便利に使わせて頂きました。

◆おむつ交換について
　これは特に特別な工夫などは一切していません。私たちもほとんど紙おむつを利用しました。私はまだ赤ちゃんが

立つことができないときは普通に仰向けに寝かせてウンチを替えていました。何とか立つことができるようになるとウンチの場合はすぐにお風呂場に連れて行き子供に立たせ、私はしゃがみ私の肩などに掴まらせます。これでおむつを外しシャワーでおしりを洗い流してあげました。普通はたぶん寝かせておむつを外し、おしりふき等できれいにするのでしょうが、時間がかかったり、効率が悪かったりします。それにやはりどうしてもおしりがかぶれて痛がゆかったりして、そのせいでぐずぐず泣いたりもします。
そんなこともあって「あーいっそうお風呂場に行ってシャワーで洗ってあげよう。」と思ったのが最初です。一見その方が大変そうなのですが、すぐにきれいにできてずっと早く作業ができるようになりました。でも外出先ではできないので普通に交換していました。

◆外出散歩などについて
　赤ちゃんと外出するときは、私は乳母車のようなものは一切利用しませんでした。と言うより全盲の私には前へ押して行く乳母車やバギーは、外ではかなり危険で全く実用的ではありません。と言うことで必ずおんぶで出かけてい

ました。最初は今流行りの前だっこ等をしては見ましたが、歩くときは当たり前ですが前に向かって歩きます。ですので何かにぶつかるとしたら、自分より前にだっこされている赤ちゃんにぶつかることになってしまいます。それに白い杖を持って歩くので、前に赤ちゃんをだっこしている状態では杖は使いにくくなって、結果的に危険度も増します。それから赤ちゃんも少し大きくなると頭を動かして周りの景色を見たり、両手を横から出して遊んだりします。このような時には特にすれ違いざまの自転車などには気をつけないといけません。ましてやくわえ煙草をしている人には要注意です。

　おんぶ紐も何種類か試しましたが、結局昔からあるようなシンプルなものが一番使いやすくて自由度もあり、おんぶをしていてもおしゃれなデザインのものよりかなり楽に感じました。二人ともおんぶはいやがらなかったのでしょっちゅうおんぶしていました。家の中でも動かれて困る時や家事をしながらとか自分の食事の時、また風邪を引いて熱があるのにおとなしく寝てくれないときもおんぶをして寝かせました。おんぶやだっこをよくすると、俗に抱

き癖が付くとか言いますが、私は抱き癖が付いてもいっこうにかまわないと思っています。むしろこの時期にしかおんぶもだっこもしてあげられないのですから。

子供が歩き始めると外へ行く機会が多くなります。靴は普通の子供用のものを使っていましたが、つま先が開いているサンダルタイプはまず使いませんでした。躓いてつま先をけがをする可能性があるからです。ぴよぴよサンダルとかとてもかわいいのですが１度も履かせませんでした。

それからこれは私も体験しましたし、皆さんも１度位は経験された、あるいはこれから経験されるでしょうが、ちょっと手を離したらどこかへ行ってしまって、呼んでも返事をしてくれないので必至に慌てて探したと言うことがあります。たしかにこれは私も気を使ったところです。その子の行動範囲や性格によって対策は違うのかもしれませんが、私たちは小さな鈴を１００円ショップ等で買ってきて、靴に縫いつけていました。単純ですが結構これで安心できました。我が家は二人とも男の子なのですが、少しおとなしい子で、あまり手を離してどこかへ飛んで行ってし

まったということはありませんでした。多分この親は手を離すとどうにもならない親なんだと、何となく分かったのではないでしょうか。ですので私が一人で二人の子を連れて行くときは、両手で子供たちと手を繋いで私が真ん中を歩くというスタイルです。これだとどちらかというと私が子供たちに両側からしっかりガードされているようになってしまいますね（笑）。

　都内に住んでいるのですが、幸いな事に周りは広くて車が少ない道や、周りが歩きやすく整備されている公園があります。天気が良い時や、また夜中どうしても眠ってくれない時、それから一人が熱を出して寝ているので騒がれても困る時など、よく散歩しました。

　その他に二人の子と一緒に歩いて２０分ぐらいの所に、障害者の皆さんの作業所があり、ここではパンを焼いて販売や、それからコーヒーやジュースが飲める喫茶スペースもあります。今でもよく行くのですが、小さな子を連れて行っても、全く気兼ねなく親子でパンとジュース等を楽しめる場所です。そこへはしょっちゅう行っていました。ま

た近所には障害者用のスポーツ施設があって、そこも小さな子を連れて行っても全く問題がないので、よく利用させて頂いています。このように目が見えない私たちでも、子供を連れて行きやすい場所や歩きやすい道が周りにはあります。これは全く偶然で、計画をしてここに住み始めた訳ではありません。逆に考えるとどこに住んで子育てをするかという事は私たちにはとても大切な事なのだと思います。とは言ってもそれぞれの事情があるので難しい事ですが・・・。それに地方に住んでいればもっと大変な事だと思います。私も自分の田舎に時々帰ると、ちょっと見えないと住めないなあと思うことが多々あります。

◆遊びについて

　皆さんそれぞれの考えがあるとは思いますが、私はある程度値段が高くても子供と一緒に遊べる玩具を購入することは、悪いことではないと思っています。私たちも一緒に遊べるものとなると、音が出たり触って変化があるものということになります。この手のものはそれなりに値段はするのですが、でも我が子と一緒に遊ぶことができるのはこの時期しかありません。

それから私が便利だと思っているものに、ツタヤ等のDVDレンタルがあります。これはネットで見たい物を注文すると、自宅のポストまで届けてくれると言うものです。返すときは予め送り先の住所が書かれている所のシールを剥がし、近くのポストに投函するだけです。点字図書館からテープを借りる感覚と全く同じです。たくさんの子供向けのアニメや漫画、例えばアンパンマンやNHKのお母さんといっしょのコンサートイベント等、子供たちが喜んで見てくれるものがたくさん気軽にレンタルできます。
　また今は音声ガイドが充実したHDDビデオデッキがあります。これをフルに活用して、NHK等の子供番組を録画しておくのもかなり便利です。

　それから子供たちに色を覚えさせようと思い、大きめの木でできた積木に「赤」とか「青」のように点字で書いて置いて遊びながら色を教えたりもしました。

◆家の中の環境について
　赤ちゃんが歩き始めると、皆さん戸棚の引き出しや台所の包丁が入っている所の開きドアなどを開けられないよう

にロックをする物などを付けています。私たちもそのようにしました。簡単に付けられて結構信用できる物があります。それからなぜか長男は、やたらと部屋のドアに興味があって、しょっちゅう開け閉めしていました。なのでドアが閉まっても少し隙間が開くように細工をして指を挟まないようにとか、また机の角や足にもいわゆる梱包材のプチプチ等をガムテープで貼っていました。後で知ったのですが、そのような用途のものが１００円ショップでも売られているようです。怪我を防げるならば、格好を気にしている場合ではないと言うのが私の考えです。

　一番気を使ったのはポットのお湯です。私はしょっちゅうお茶を飲むのでお湯がないといやなのですが、絶対にポットに手が届かないように囲いを作ったり、それから自分が昼寝をする時や人に子供との留守番をお願いするときは、必ずポットは空っぽにしておきました。

　あとは当たり前のことしかしませんでした。私が電子工作やPCの組立が好きなので細かい部品類やはんだごては絶対に散らかしたままにしないとかです。

これは部品とかではなかったのですが、長男がホチキスでとめてあった冊子を破ってバラバラにしてしまいました。ホチキスの針は２箇所とまっていたのですが、どうしても１本針が見つかりませんでした。飲み込んではたいへんなので必至に半べそかいて探したのですが、結局見つかりませんでした。針といえばこれは子供がいなくても皆さんやられていることですが、裁縫の針も何本有るかは把握していました。自分が見えないので非常に誤飲には気を使いました。

◆躾など
　どうしても私たちは周囲の目を気にしすぎてしまうあまり、子供に対して必要以上に厳しくしてしまったり、少し行きすぎた躾をしてしまいがちです。特に外にいるときなどは他人の目があるのでそのようになりがちです。私たち障害者は小さな頃から周りの人の目を気にしなさいと多かれ少なかれ言われて育ってきています。先ほどの深谷さんのお話の中で、かるがもの会ができたきっかけに触れられていましたが、私は全く真相は知らないので想像の範囲になってしまうのですが、そのお母さんも周囲の目を気にし

すぎてしまって、つい行きすぎてしまい、悲しい結果になったのではないかとも思うのです。周りから「目が見えない親だからあんなに泣いているのに、何もできないんだ。」とか、「ちゃんと子育てや躾がなってない。」と言われることを恐れるあまりに、赤ちゃんに対して行きすぎたことをしてしまったのではないかとも想像してしまうのです。赤ちゃんは泣くものです。余裕がない今、電車に乗っていても赤ちゃんが泣くのを見ると、誰か怒鳴るのではないかと私はついついはらはらしてしまいます。

　それからこれは子供たちに対する躾というより、自分に向けての注意と言いますか本当に気をつけるべき事なのですが、よく怒ることと叱ることとは全く違うと言います。全くその通りで、私はこの切り分けができている人間ではありません。頭では分かっているようですが、なかなか自分を制御できないのです。疲れてしまってそしてもう眠くてしかたないときなど、自分の怒りの矛先が、弱い子供たちに向けられてしまい怒鳴り散らしてしまうのです。私は外面が良い方なのでいわゆる公共の場で子供たちに怒鳴り散らしたことはないのですが、家にいるとついついと言う

事ばかりです。外で怒らないのは一見良いようなのですが、閉じられた家の空間で怒る方がかなり危険なのです。怒ってしまってそしてそれに酔ってしまって、ますますエスカレートするようになってしまうのです。まだ「俺今怒っているな。」と、頭の中でどこか分かっていればまだ良いのですが、これも失ってしまうと本当に危険信号です。幸い言われたことはないのですが、もしかしたら虐待までいってしまったこともあると思います。自分がまだ子育てに関わる前は、ニュース等で親の幼児虐待の事を見ると「酷いな、自分は絶対にそんな事はしない。」と思っていました。ですが正直に今思うところを書くと、虐待をしてしまう気持ちといいますかその状況が想像できる自分がいるのです。後もう少しで自分もニュースの対象になってしまうのではと後になってぞーっとするのです。先ほども書きましたが少しでも「限界かな？」と思ったならば、周りにわがままを言って休むべきです。そして自分の暴走を防ぐべきです。いまだに「くだらないことで怒ってしまった。」と後で思って、1日何となく気が重い事があります。

　「自分は今限界！」と認めて人にヘルプを求めることぐらい勇気が必要でなかなか認めたくないものです。特に障

害がある私たちのような立場では、なおさらのことかもしれません。ただ子育ての場合は被害は自分だけにはおさまらずに「我が子」にまで広がり、むしろ子供に対するダメージの方が、自分自身に対してよりも深刻になることを忘れてはいけません。

　その他いわゆる躾ということで、特別なことをした記憶はありません。返事をしなさいとか挨拶をしなさいと言うような事ぐらいです。あとは本当に保育園の先生に感謝の一言に尽きます。保育園で育てて頂いたというのが本当のところです。

◆最後に
　思いついた順番に書かせて頂きました。最後にこれはネットのツイッターでたまたま流れていた言葉を引用させて下さい。

「人間が１２歳までに知るべきことは無償の愛ただひとつで、それを習わなかった者は残りの人生全てをその補習に費やすことになる。常識を知ってしまったあと、人は愛

に根拠を求め始める。無償の愛は無償だから根拠がない。頭が固くなるとそれが理解できない。」

　もしかして有名な言葉なのかもしれないのですが、すごく印象的でした。すぐに見返りを求める自分だからこそ、衝撃的な言葉（ツイート）でした。我が家の子はまだ上は８歳です。１２歳までにはまだ時間があります。見返りをすぐに求める私が、どこまでこの言葉通りのことをしてあげることができるかは分かりませんが、子供自身もこの言葉の本当の意味が理解できるような大人に育てていければと思っています。

3.子育て脇役奮戦記～

講師：長岡　英司（筑波技術大学教授）

長岡と申します。私にとって子育てと言うのは、すでに「以前」のことになってしまいました。それなりに大変な事もありましたが段々と時が過ぎて行きますと、物事と言う物は良い思い出だけが残るようです。ですので子育てについてはもはや良い思い出に成りつつあると言う立場からの話になると思います。

　それでは私の家族の今の状況を少しお話しさせて頂きます。私は全盲の障害を持っています。１２歳の時に完全に失明しました。それから半世紀近くになってしまいます。これで私の年齢が大体お分かり頂けると思います。家は千葉県北西部の我孫子市にあります。最近ではホットスポットの話題になっている地域の一部です。そこから茨城県の筑波にあります筑波技術大学と言う所に、毎日通勤しております。ご存知の方もいらっしゃるとは思いますが、視覚障害者と聴覚障害者のための教育機関です。そして今の同

居人は妻だけです。私たちの間には長男と長女の二人の子供がいます。いずれもすでに家を出ています。２７歳の長男は都内に住んでいまして、都心の会社に通勤しています。それから長女の方は２４歳になります。この春に茨城県に移り住んで、ガラス工房で働き始めました。当然ですが私はこの家族三人の顔を見たことがありません。

　それでは２７歳の長男の生育歴といいますかこれまでをご紹介します。長男は１９８４年、昭和５９年に生まれました。妊娠直後母体に子宮筋腫や卵巣嚢腫等のいろいろなトラブルがありましたが、うまく乗り越えることができまして７月の暑い日の夜に生まれました。５歳までは所沢に住んでいたのですが、幼稚園の途中から現在私が住んでいます我孫子に引っ越しました。そこで小学校を卒業し、その後は茨城県内の中高一貫校に通いました。その後横浜の大学へ進学したので１８歳で家を出て自分で生活をするようになりました。就職後も引き続き独身生活を送っています。

　一方の長女についてですが現在２４歳です。１９８７年、

昭和６２年の生まれになります。我孫子に引っ越ししたのは２歳の時です。市内の幼稚園と小学校を経て、近隣市の中学校に通いました。高校からは都内の芸術学校系の高等部と専門部を卒業しました。その後は自分で見つけてきたガラス工芸の学校に２年通い技術を身に付けて、今年の春から先ほどちょっと触れましたガラス工房で働き始めました。実は長女はかなり重いアトピー性皮膚炎でした。それでとにかく私たち親子はこれに悩まされ続けて、様々な対処方法を繰り返しては挫折するという結構辛い思いをしました。

　妻は晴眼者です。ということで肝心な子育ての難しい所はほとんど妻に任せてしまったと言うのが、実のところです。授乳はもちろんですが食事や衣類に関すること、健康管理等ほとんど任せてしまったと言う状況でした。視覚に頼らなければならない発見とか判断、即時的な対応が必要なことというのはなかなか視覚障害者には難しいのが正直なところです。特に乳児期というのはそのようなことばかりです。はたで見ていてもつくづくそのように思った記憶があります。とは申しましてもはたで見ているだけでは親

としての責任を果たしたことになりませんので、できることは一生懸命参加しようということで、努力はそれなりにしたつもりです。脇役としての働きはそれなりにしたと言う自負はあります。

　どのようなことをしたかといいますと、例えばお風呂は首が据わらない内から私が入れました。おむつの交換も当然ですがしました。ちょうど私たちが子育てを初めた頃は布のおむつから紙おむつに変わりつつある時でした。良い紙おむつもあればそれほどでもないものまで、いろいろと使ってみました。ですがまだ半分ぐらいは布おむつを使っていましたので、それを洗濯したりそれからアイロンかけもしました。あとは子供と一緒に留守番をしたり家事の手伝いなどをしました。

　それから、お母さんの話を聞くというのがかなり大きな父親の役割だと思います。育児にともなう母親のストレスというのは、見える見えないに関わらずかなりものすごいものだと思います。お母さんの性格などにもよるのかもしれませんが、本当に一人で全て背負い込んでしまって、

追いつめられる人も多いと思います。育児ノイローゼと言う言葉があるぐらいです。そのような時に父親のつとめとしてはお母さんの話をまず聞くこと、話をするだけでもかなりのストレスの発散になるようです。話をまずきちんと聞いてあげるということがとても大切なつとめだと思いました。この点は私もかなりできたのではないかと思っております。また夜泣きなどをすればまずは母親が起きていろいろなことをしなければなりません。いわば２４時間勤務です。ですのでたまには自由になる時間を作ってあげることがとても大切なことだと思います。ですので子供と一緒に時々留守番をして、母親の出かけたい所に行かせてあげるというのが大切です。そのようなことも私はしたつもりですし、父親としてとても大切な役割ではないかと思います。

　子供が幼児期になると段々と外で遊ぶようになります。小さいときはそれほど運動が活発ではないので、結構屋内外の遊びを子供と一緒にできると思います。例えば散歩に一緒に行ったり、ちょっとしたボール遊びをしてみたりというようなことはそれなりに十分にしました。一番記憶に残っているのは凧揚げです。幸い広い所に住んでいました

ので、凧を揚げることができました。子供を連れて適当な場所に行きまして、最初はうまく行かなかったこともありましたが慣れてくると順調に揚がるようになりまして、一緒に子供と揚げるというのが楽しみでした。それから自転車乗りです。二人とも自転車に乗るようになったのですが、これに関しては私はかなり手助けをしたと思ってます。場所は選ばないといけないのですが安全な場所を確保して、最初は補助輪が付いているもので練習して、途中から外して後ろを押さえてやりながら練習させた記憶があります。

　またかなり小さい時というのは、外へ連れて行ってどこへ行ってしまったかわからないということがあります。安心してちょっと手を離したりすると、どこかへ行ってしまっていくら呼んでも返事をしない、どこへ行ったのか分からないということで、結構困ったこともありました。それこそ地面を這いずるようにして探し回って、やっと見つけたということも結構ありました。車も激しく通る所とかもありますので十分注意しなければなりませんが、いろいろな工夫をしている人がおられます。盲導犬のハーネスのようなものを付けてそれをもって一緒に散歩するとか、子

供の靴に鈴を付けているというような方もいらっしゃいます。

　その他に絵本の読み聞かせもずいぶんやりました。大阪の岩田美津子さんと言う方が作られた「ふれあい文庫」というものがございます。そこでは普通の絵本に透明な点字シールを貼って、点字で絵本の内容を読めるようにしています。視覚障害者の親御さんのために作られたものです。この読み聞かせを長男長女に対してずいぶん行いました。その本を読みながらいろいろな会話をするというのがかなり有効なコミュニケーションになりました。『グリとグラ』とか読んだ覚えがあります。どちらの子供かはよく覚えていないのですが、本と言うのは指先で触れて読む物だと思ったらしく、活字のところを指で触りながら読むというような仕草をするようなこともありました。

　それから所沢でも我孫子でも、二人の子供を親が主体になって運営をするような幼稚園と言いますか、当時は幼児

教室と呼んでいたのですが小規模な所で過ごさせました。とにかく親が参加する場面がとても多かったです。父親も参加していろいろな作業をしなければならない場合が結構ありました。かなりの場面でそのような時でも不本意ながら母親に行ってもらったことがありましたが、毎回そのようにするわけにもいきませんので、私もそれなりに何回か参加しました。ただし周りの人たちが配慮をしてくれ過ぎるものですから、そのような時に作業というか、仕事をもらえないのです。それでなかなか参加できないと言うことになってしまって、ちょっと焦りを感じたり残念に思うこともありました。園車の掃除をしたりする場合でもなかなか仕事をさせてくれないので、むりやりぞうきんを奪い取るようにして床の拭き掃除を強引にしてしまったこともありました。このへんもコミュニケーションの問題かもしれませんが、できることもあるのだということを周りに理解して貰ってできる範囲で参加するということも、とても大切なことではないかと思います。全く参加しないのは、やはり子供の手前とてもまずいことだと思います。特に子供はそのような時の親の振る舞いというのをよく見ていますので、そこは頑張って参加するというのは、とても重要な

ことではないでしょうか。

　子供が小学校に入りますと結構遠出をしたがるようになります。上の子供は一時期電車が好きだったものですから、私と二人で結構遠くまでいろいろな電車に乗りに行き、関東一円に出かけました。これも結構楽しかった思い出の一つです。人のたくさんいる場所や知らない所では子供がまだ小さいので常に気を張ってないといけないわけですが、結構良い経験になってると思います。

　でも長女の方ですが家族で買い物や用事で一緒に出かけることはありましたが、残念ながら長女とどこかへ二人だけで遊びに行ったと言う記憶はありません。この外出というのも親子のふれあいを養う上でとても良い機会になります。

　子供たちも中高と段々と大きくなると友達との関係が多くなりますし、長男はサッカーだったのですがスポーツなどの活動が活発になって来ますので、私と出かけることは段々と減っていきました。

それから学校に通うようになると、勉強に付き合ったり宿題を見るという機会が多くなります。この辺も結構私は熱心にやったつもりです。上の子は私の話を結構よく聞いてくれました。逆に下の子は親から勉強を習うのはあまり好きではなかったようで、長女とはあまり一緒に勉強をしたという経験がありません。上の子供の中学受験の時には、小学校５、６年生のころに結構算数を見た記憶があります。ただし親子の勉強と言うのはなかなかうまく進みませんでした。親はもう少し解かっても良いのではと思ったりしてついつい力が入ってしまうのですが、ところが子供の方はこのいわゆる言葉だけの説明ではなかなか分かってくれないようです。ですので結構喧嘩になってしまうようなことがありました。このような経験のおかげかどうかは分からないのですが、その後大きくなっても長男は親と勉強の話をするということが平気でできる子になりました。ですので中学生になっても勉強の相談を受けることが結構ありました。そのせいかどうか読んだ物を親に聞いて貰うと言う習慣ができてしまって、歴史の勉強をしているときでも「これを今から読むから一緒に聞け。」といわれました。これを

座ってじっと聞いていなければならなくて、ずいぶんと眠かった覚えがあります。逆に先ほども申しましたが下の子は親に勉強を見て貰う、特に私に見て貰うことが嫌いだったようでそのような機会はありませんでした。

　中学高校時代の思春期ですが、やはり思春期と言うのはそうとう大変でした。世間並みの荒れ方をした覚えがあります。上の男の子ですが、高校時代には、母親が見ていると結構目つきが怖いと感じたこともあったようです。それから長女の方なのですが、中学3年生の頃にちょっと学校に行くのがいやになった時期がありました。本当に困りました。親も自己嫌悪になったりしましたし、つらかった時期でした。親の方としては、特に私たちの場合には世間並みなことができるということが非常に大切だと思ってしまう傾向がありますので、子供にも世間並みにいわゆる勉強というものができることを求めてしまいます。ですが中にはこの学校の勉強と言うのがあまり好きではなかったり、あるいはそれ以外の事に関心がある子供もいるわけです。我が家の長女は勉強よりもむしろ物を作ったり芸術的なことをすることにとても関心がある子で、そのような特性が

あるということが段々とわかってきました。最初は何とか学校へ戻らせること、人並みなことができることに私たちもやっきになったのですが、少し考え方を変えて自分のやりたいようにさせようと言うように、主体性に任せる方法に気持ちを切り替えました。これによって周りも楽になりましたし、本人もずいぶんとその後楽に過ごせるようになりました。それで進学も芸術系の学校に行かせて、自分の好きなことをさせてあげました。そしてそれを尊重する方向にスタンスを変えました。そうしますと、いままでも特に悪かったわけではないのですが、長女との親子関係がより良好になってきました。

　先ほど勉強について長男は比較的親に習いに来る、逆に長女は全く来ないと言うことをお話ししましたが、進路についてもまったく同じ様なものでした。長男はいろいろと相談に来るのですが、長女は自分で全て決めてしまいます。長男が大学生になって横浜の方で一人暮らしをしていたのですが、それまであまり連絡が来なかったのに、就職活動が始まると毎日のように電話がかかってきて、相談や報告がありました。それに対して長女はどんどん何でも決めて

しまって、自分の学校を見つけること、それから今回の就職先も自分で決めて全て事後報告をするという子です。同じ様な方法で育てたつもりではあるのですが、ずいぶん子供によって個性があって違うのだなあということが改めてわかりました。

　いろいろな曲折があった子育てでした。意図的にそのようにしたつもりはないのですが、結果的には比較的良好な親子関係ができたのではないかと思っています。これはついこの前の３．１１の地震の時なのですが、あの時私は出張で都内にいました。出張先で地震にあいました。職場の人と何人か一緒だったので、特に一人で困ることはありませんでした。新宿の飲食店で時間をつぶしておりました。長女も都内にいましてやっと我孫子の家に電話が繋がったときに、新宿にいる私を助けに行くとまず最初に言ったそうです。どうやら長女は上野から新宿まで歩いて私を迎えに行くと言っていたようです。それを聞いて私も妻も感動してしまいました。あのようにアトピーでつらい思いをさせたりいろいろと大変な事もありましたが、それでもこのように思ってくれるようになったのはどうしてだろうかと

は思いましたが、とてもうれしい出来事でした。つい2週間前にも茨城県で地震の警報が出たのですが、やはりその時も私のことを気にして電話をくれました。いろいろな曲折は有りましたが、結構親思いの子供が育つものだと思いました。

4.親と子の絆・父親の子育て体験から〜
講師：大橋　由昌（東京盲学校同窓会会長）

　我が家は現在は私と娘二人です。私は結婚が少し遅くて３１歳のときでした。連れ合いは晴眼者で図書館員として、障害者サービスの仕事をずっとしておりました。学生時代に各大学の点訳サークルが組織する団体の活動で知り合いました。彼女が横浜市の職員になったので、結婚後は横浜に移り今日にいたっています。夫婦共働きで３４歳の時に長女が、３８歳の時に次女が生まれました。ご多分にもれず子育てと言うのは我が家も母親中心でした。これは正直なところです。それと我が家の場合は保育園と学童保育で、育てて頂いた面もあると思います。躾や細かい所までとなると、共働きだとなかなか手が回らないと言うのが本当のところでした。その点では保育園等のおかげで今日に繋がってきていると思っています。

　とは言いましても、私も一応できる範囲ではいろいろとやってきたつもりです。先ほど紙おむつの話題が出ました

が、私たちが子育てをしていた時代はちょうど布おむつから紙おむつの移行期間でした。ですがどうしても紙おむつの腰に当たる部分がかぶれてしまうので、布のおむつを使っていました。当時は布おむつのレンタルのようなものがありました。１０枚ぐらい汚れた物をまとめてビニールに入れておくと、決まった曜日に新しい物と交換していってくれるというものです。もちろん汚れたものを出す場合は、いわゆる固形物はトイレに流してからビニールに入れなければなりません。そこで私の場合はその固形物を棄てるときには、ゴム手袋だと作業がし難いので、スーパーの作業台などにあるロール式の薄い小さなビニール袋を、なるべく長めに引きちぎってきて、それを１枚ずつ引き剥がして手にはめて使いました。ビニール越しに固形物を取って棄て、そのまま手を抜くタイミングで裏返しにして、ビニールを棄てるという方法ですね。触覚を頼りにする者としては、この薄いビニール袋は多方面に役立ちました。たとえば簡単な料理らしきもので、私はこれをパリパリキャベツと呼んでいるのですがビニール袋の中にキャベツを細かくちぎって入れ、ごま油少々と塩コショウを振って、袋の外から揉むようにするだけで、手を油だらけにせずに簡

単なキャベツサラダの出来上がりです。また胡瓜と茹蛸を細かく切って、キムチの鍋の素を少々かけて混ぜるだけでも、おかずにも酒のつまみにもなる一品ができます。見えなくなった直後はこうした具材を菜箸で混ぜても周りにこぼしてしまうので、手にビニールをはめて和えると無駄なく作ることができます。

　あとはどこの家庭でもお風呂に入れるのは父親の仕事のようで、私も毎日のようにお風呂に入れました。掃除洗濯は私の役割でした。父親が見えないからといって連れ合いに家事を全面的に任せるわけにはいきません。できることは進んでしたつもりです。けれども料理にはあまり自信がなかったので、連れ合いの日曜出勤のときはレンジでできるものを中心に何とか準備しました。今述べた野菜サラダや和え物など、品数は多めに作るように心がけました。ただし我が家の食卓は、いつもこうした簡単レシピだけではないことを一言付け加えておきます。

　日常生活において料理の準備や後片付けにはかなりの時間をとられます。ですからたまには楽をさせてやらないと

母親の方がまいってしまうので、贅沢をするつもりはないですが外食もかなりしました。これは結構家事を軽減するとともに、私の息抜きにもなったと思います。特に次女が小さかったころは無我夢中で生活に追われていたので、家事を軽減するための多少の出費はしかたがないというのが私たち夫婦の暗黙の了解でした。できるだけ夫婦助け合いながら子育てをして行かなければならないとお互いに努力してきました。そうでないと子育てはできませんよね。

さて洗濯は私の仕事でした。思い出すのは真冬に長女が風邪を引いてしまって、夜中に戻したことがありました。着替えをさせて汚れた衣類などを水に浸してそのまま朝まで放っておこうかと最初は思ったのでしたが、ご存知のように吐瀉物の匂いがきついんですね。連れ合いは子供の世話をしているので、私が洗いにお風呂場に行きました。真冬の夜中でしたので、ものすごく寒かったことを覚えています。必至になって洗濯をしていたときに、なぜかわかりませんがその時に「俺も子供育てているんだなあ。」と感動とも充実感ともいうような不思議な感覚を味わったものです。また土曜日に保育園から午睡の布団や汚れ物を

背負って帰宅する途中で、娘たちが「パパは力もちなんだよ。」とお友達に自慢げに話しているときなど、思わずにっこりしたものです。

　その他にもいろいろ想い出がありますが、子供が小さいときは子供から親が日々感動を与えてもらっていました。当時は必死だったのであまり深くは考える余裕はありませんでしたが、今思うと充実していたのだと思います。

　さて長女が1歳の誕生日の少し前に、私の見える方の眼が角膜潰瘍になり、最終的には角膜穿孔を起こしてしまい緊急入院して角膜移植をしました。しかし拒否反応が強くて、残念ながら視力は回復しませんでした。拒絶反応を起こした患者には続けて移植手術をしないように聞いていたのですが、主治医が気の毒に思ってかその後も2度移植してくれました。私の眼疾は、ペニシリンショックによるスティーブンス・ジョンソン症候群という病名です。7歳のときに風邪を引き、開業医を受診してペニシリン注射を受けたところ、激しい副作用を起こして失明などの障害を残したわけです。今ならばいわゆる医療過誤に当たりますね。

主治医がドナーから提供された貴重な角膜を何度も使って治療してくれたのも、どこか医療過誤の被害者への償いめいた意識があったのではないかと感じています。

　いずれにせよ右目は失明し、左目は徐々に視力が下がっていたとはいえ、そのときまで弱視で過ごしていました。それまで０．０４ぐらい見えていたのですが、この角膜穿孔によって視力が０．０１以下に落ちてしまいました。確かに数字の上では０．０３ぐらいの差しかありませんが、実際に経験してみると０．０４は０．０４の世界で生活をしていた訳です。これが数字の上ではたったの０．０３下がっただけですが、日常生活においては非常に大変な違いでした。本当にまったく違った世界になってしまったように感じたものです。正直に告白すれば、今までは中途視覚障害者に接するとき、もう少し思い切って動けば勘が付くのになどと思うことがよくありました。ところが自分自身が見えなくなると、怖くてなかなか足が出ないのです。そもそも見えない者がまっすぐに歩くこと自体、ある程度見えた頃には想像もつかないぐらい難しい動作でした。交差点でまっすぐに渡っているつもりが、大きく十字路の中心

へ曲がってしまい、通行人に連れ戻されたり、道路を渡るときに車が通過してから歩き出すと、後続車にクラクションを鳴らされたり等ひやりとすることをたびたび経験しました。そうなるとなるべく人の流れを意識するようになったり、車が通過した後、一呼吸おいてから歩き出すように心がけるようになりました。音の遠近感というものを意識したのも、ちょうどこの頃でした。なんとかリハビリ訓練を受けたいと思ったのですが、実際に子育てをしながら仕事をしているとなると、全く歩行訓練を受けるような余裕も時間もありませんでした。できるだけ連れ合いに心配をかけないよう元気よく出勤するのですが、何気ない態度で家を1歩出るまでが相当なプレッシャーで精神的にかなりのストレスでした。したがって見えなくなった直後が大変で、今思うと我々夫婦にとって一番苦しかった時だったと思っています。慣れるまでの1年と半年ぐらいが非常につらかった時期でした。今でも覚えているのは、哺乳瓶の乳首の洗浄でした。煮沸消毒の時に今までは弱視でしたので、それなりにひょいひょいとつまんでできていたのですが、視力が下がったので目を近づけて見ようとすると顔に湯気が当たって熱くて火傷しそうでした。今ならば目をつぶっ

てもできるんですけれども、視力を失った直後は非常に苦労しました。それでとにかく鍋から乳首を取り出すことが難しくて、あげものをするときに利用する網目状になっているおたまを利用して、取り出すようにしていました。このようにいろいろと工夫はしました。人間困らないといろいろな方法を考えないもので、たぶん少し見えていた頃にも同じような方法を利用している人がいるということは、どこかで聞いていたのかもしれませんが、やはり困難に直面してみないと思いつかないものです。必要は発明の「父」とは、言い得て妙ですね。

　それから連れ合いは図書館の職員なので、日曜日が出勤ということが結構ありました。日曜日は保育園も休みなので非常に困りました。視力を失った直後でしたので自分の事も満足にできないのに、乳幼児との留守番と言うのはかなり大変でした。しかたがないので、たまたま連れ合いの勤務していた図書館内の奥に小さい畳敷きの控室がありましたので、職員のご好意に甘えて、日曜日の勤務があるときは子供と一緒にその控室に置いて貰って、休み時間に連れ合いが来て授乳をしたり、おむつの交換に来たりという

ことをしていました。そのような事が何度かあってどうにかこの時期を乗り越えましたが、このときほど自分のふがいなさを感じたといいますか、人生終わりだなと感じた時はありませんでした。本当に無価値な人間になってしまったという絶望感に打ちひしがれました。

　それから長女が歩き始めるとやはり行動範囲が広がってきます。このころは自分自身が一人でやっといろいろな所へ歩いて行けるようになったばかりでした。そんな状態でしたから、子供を連れて一緒に外へ行くというのはほぼ不可能な状態でした。とにかく「おんも」と言われると絶対に困るのでした。当時マンションに住んでいたのですが、子供が窓の外を見始めた瞬間に玩具をぱっと出して気をそらせるとか、おうまさんになって必死に部屋を這い回ったり、とにかく外への関心をいかに減らすか、ということをやっていました。これは人それぞれでしょうが、多かれ少なかれ全盲の父親ならば多少経験することでしょう。

　これは今だから言えるのですが、子供は割と無鉄砲なところもあって、小さな怪我は当然するかもしれません。け

れども少しぐらい放っておいても、意外と大けがはしないのではないかと経験的に思います。あれほど外へ遊びに行きたがっていたのだから、あの頃少し開き直って外へ出してあげても大丈夫だったのではと、今更ながら娘に申し訳なく感じています。もっとも四半世紀も経っているからこそ言えることで、当時としては外に行かれるのが本当に不安で非常に困りました。

　長女と次女は4歳違いで、次女が生まれたころには私も見えなくなってからの視力に慣れたため、不自由はあまり感じませんでした。四つ離れていると、長女が次女の面倒を時々見てくれたこともあったからかもしれません。とにかく、長女がお誕生日を過ぎてからの2年ぐらいは必死でした。私も苦しかったのですが、連れ合いの方がもっとつらかっただろうと思います。全盲のご夫婦の所はいろいろな工夫がされているはずですし、かるがもの会もいろいろと情報を提供して下さるので、こうしたシンポジウムとか相談会に参加して参考になることは何でも貪欲に吸収したらよいでしょう。

それから先ほど保健センターのことがお話に出ましたが、やはり高熱などで真夜中にタクシーで駆けつけるということも結構あります。少し被害妄想かもしれませんが、子供というのは土日や祝日などによく熱を出すような気がします。ですのでやはり緊急の時に駆け込める病院などの連絡先や、タクシーなどの確保方法などは事前に準備しておくことをお勧めします。我が家でも、電話機の横には救急医療センターと無線タクシーの電話番号だけを書いたタックペーパーを貼った厚紙をおいていました。

　またこれは男の私の意見と経験からなのですが、日常的な援助を行政や隣近所に頼ることはなかなか困難だったと感じています。一般的にも、若い共働きの夫婦は日中ほとんど家にいないこともあって、近所付き合いは希薄になりがちではないでしょうか。男性はなおさらです。ましてや視覚障害者の隣人ともなれば、積極的な関わりを持とうとする住人は少なかったです。猫の手も借りたいほどサポートが欲しかったのに、なかなか確保できなかった苦い思い出もたくさんあります。

連れ合いが仕事の関係でどうしても早く出勤をしなければならない時がたびたびありました。これは特に見えなくなってしまった直後なのですが、保育園への送り迎えが私一人では不可能でした。それでボランティアセンターとかガイドセンター等いろいろと電話をかけてみました。最初は「よろしいですよ。」ということで良い感じなのですが、いざどちらへということになって「保育園へ子供を送りに」と言い出すと話ががらっと変わってしまいます。センターの言い分ですと「視覚障害者のあなたのサポートに行くのであって、保育園のお子さんのサポートには行けません。」と言われてしまいます。こちらとしてはガイドの人に直接子供の送迎をお願いするつもりでは全くないのです。私自身が行って実際に子供を連れて来たり面倒を見るので、私自身の手引をしてくれと言うことなのですが、どうしてもガイドセンターの言い分では、子供さんと一緒の場合子供さん自身に何かあった場合に責任は取れないとか前例がないとか言われてしまい、全くお話になりませんでした。もちろんこちらとしては子供に対する責任までセンターに押しつける気は全くないのですが、どうしてもセンター側としてはその部分で受け入れて頂けませんでした。今はどう

かはわかりませんが、当時私が経験したことです。最近自立支援法とかいろいろといわれていますが、法律と言うのはある種骨組みであるだけで、事細かい詳細という段階になると、本当に我々が使いやすいものかどうかというのは非常に疑問だと感じます。

　たしか長女が水疱瘡だった時のことですが、いわゆる伝染性の病気にかかってしまった場合には、何日か保育園や学校へは通うことはできません。ちょうど私も連れ合いも仕事をどうしても休めませんでした。その時は電車で2駅ぐらい離れて住んでいた知り合いに何日か来ていただいて、子供の面倒を見て頂きました。

　また送り迎えにしても、たまたま親しくしていた点訳サークルの部長さんに頼んで、女子学生さんにアルバイトでお願いしたこともあります。ですのでご近所付き合いというものを否定するつもりはもちろん全くありませんが、私の経験から言いますとすぐ隣のご近所と言うものではなくて、もう少し広い意味での地元でいざと言う時にお願いできるような人間関係を築いておくというのが、非常に大

切だと思っています。

　それからこれも私の男性としての経験なのですが、父親というのは保育園や幼稚園のクリスマス会とか小学校の運動会などの行事にはかなり積極的に参加するのですが、中学や高校の PTA とか入学前の説明会等の時に来ているのはほとんど母親で、まず男性はいません。子供が小学生ぐらいになると、段々と子育てと言うのは母親にシフトして行きます。その是非はさておき、私の実体験としてこのような状態でしたから、ずいぶん肩身の狭い思いをしました。父親を中心に子育てするという場合であれば、やはり隣近所を頼りにすることはできないと実感しています。

　なぜこれほど父親からの立場の意見を強調するかといいますと、実は私の連れ合いは４３歳の時にガンで亡くなりました。たしか長女が高校１年生、次女が６年生の頃でした。子供が小さかったため、仕事を終えて帰宅し子供たちに食事と入浴をさせてから病院に駆け付けて連れ合いの看護をしました。それで夜はそのまま病室の簡易ベッドで寝て、朝６時の検温に看護師さんが来ると、後はスタッフに

任せて家に帰り子供たちに食事をさせて学校へ送り出す、という生活を、たしか半年ぐらい続けました。高校1年生と小学校6年生の女の子二人だけで夜寝るのは、とても不安だったはずです。ずいぶん心細かっただろうと察せられますが、何も泣き言も文句も言わずにやってくれました。子供たちなりにも、よく頑張ってくれたと感心しております。

　私が休みの時には食事も作りましたが、どうしてもだめなときは店屋物を取りましたし、次女が中学を卒業するまでの数年間ほど、月曜から金曜までディナーサービスの宅配のおかずを取っていました。帰宅後大急ぎで1品作れば、何とか夕食の膳になるわけです。また先ほどちょっと触れましたが、子供が小さかったころ知り合いの学生さんにアルバイトでお世話になったこともあります。ですのでお金で解決できるところはそのようにしてきました。いずれにせよ、そのようにせざるを得ない状況でした。それぞれの家庭で事情は異なりますので一概には言えませんが、子育てで困ったときはお金だろうと親だろうと使えるものは使え！というのが私の体験的な結論のひとつです。

よく親子の絆といいますよね。我が家の場合は、それまで親に不平をいったり、小さくてダダをこねたりしてても、親の病気などの家庭の重大事には、子供は子供なりにしっかりと自分の立場を自覚して、それなりの役割を果たすものだと感じました。これが血の繋がりとか、親子の絆とか、そうした類いのものだと初めて実感しました。子供というのは、いざとなると強いものだと感じました。今はもう２７歳と２３歳となって、まだまだ何となく頼りないところも結構あるのですが、いざ親が困っている時には察してくれてそれなりにいろいろと手伝ってくれます。これは親として偉かったと思うのは、次女は中学の３年間自分でお弁当を作って学校へ行っていましたし、長女も大学受験の直前まで家の細々とした雑用をやってくれていました。やはり親子というのはいざとなればこのような支え合いをやるものだと思ってます。ですので地域も行政サービスも大事ですが、やはり頑張れることは夫婦で、あるいは親子で頑張って支え合って行くと言うのが子育てであり、また親育てであるのではないかと思っています。

私の子育ても、次女が高校に進学する頃から楽になりました。趣味のスキーで家を空けることも可能になったし、付き合いで遅くまで飲んで帰ることもできるようになりました。

　スキーといえば、連れ合いが存命中から家族でスキーに行ったり、三浦海岸でシーカヤックに乗ったり、河口湖近くの紅葉台で馬に乗ってトレッキングしたり、子供たちにいろいろな体験をさせました。連れ合いがなくなってからも、台湾やカンボジア、バンコクなどへ旅行もしましたし、宮古島でスキューバダイビングやマリンジェットの操縦もしました。私が特に旅行好きだというわけではありませんが、見えないもののコンプレックスからと申しますか、子供たちに「親が見えないから・・・。」と思われるのがいやで、ずいぶんお金と時間をかけました。それは世間体を意識した見栄からだったのかもしれません。夜帰宅する最寄り駅で、たぶん塾帰りと思われるお子さんがお迎えに来た車に乗り込んで行く様子などを見るとき、車を運転できない自分がわが子に同じようにしてやれない後ろめたさのような感情を抱いたものです。そのようなコンプレックスの

反動が、子供にはできるだけいろいろな体験をさせてやろうといういささか使命感による行動につながったような気がします。

　いつだったか娘たちに「私たちほどあちこちに連れてってもらったり、いろんな体験をさせてもらったりした友達はいないよ。」といわれたことがあります。内心「やったあ！」とガッツポーズをしましたが、その反面ふとずいぶん背伸びをして肩肘を張っていたのだなあと痛感したものです。ある程度人生経験を積んだ還暦を迎えたオジンだからこそいえるのですが、たとえ親が視覚障害者であっても、子供からすれば親は親なのですね。できる範囲で一生懸命に生活していけば、子供はありのままに受け入れ、ちゃんと育っていくものだと考えられるようになりました。若いお父さんやお母さんは、日々子育ての悩みや喜びを味わいながら、自分たち自身が成長させてもらっていることを意識したらよいと思います。子育て中の皆様に、私からのエールとして、ありのままにあるがままに子供と向き合い子供とともに生活できる今を楽しんでくださいと申し上げておきます。

5.二人の小さな恋人から教えられた事
講師：渡辺　勝明（主夫）

　午後6時いつものように外で夕焼け小焼けのメロディーが流れて来ました。これを聞く度に私は自分の無力さを感じてしまうのです。「今日も何一つ達成できずまた1日が終わってしまった。」と思うのです。 そしてこれからも同じように、この繰り返しの日々が続くのだろうと想像するのです。以前読んだ本によると大半の哺乳類の心臓は、それは小さなネズミでも大きなゾウでも大体均しく１５億回動き、そして役割を終えて止まると書かれていました。これを人間の年齢に当てはめると、４１歳で１５億回になります。まさに今私はこの年齢に達して、そして間もなく過ぎようとしています。この事を考えると今まで私が過ごしてきた人生の中で、自分は多少なりとも何か人のためになることをしてきたのだろうか。何かと人に助けてもらわなければ生きてこられなかった自分が、それに見合っただけの成果を上げることができてきたのだろうかと考えるのです。同時に自分の力のなさを感じ、そしてまた自分の存在

が無意味に思えるのです。

　幼い頃から視力が弱かった私は幼稚園へは通えず、小学校入学までは家で過ごすという日々でした。母は幼稚園に入れようと思い、それなりにいろいろと尋ねたりもしましたが、今から４０年近く前の事です、障害がある子が一般の幼稚園に入れることは稀で、ましてや田舎ではそのような考えはありませんでした。父が自営業ということもあって、ほとんどの時間両親が揃って家にいました。このような環境でしたので、私は常に両親の下で幼児期を過ごすことができました。幼児期の間、このように両親と一緒に過ごせたことは、結果的に私にとってはかけがえのない大切な宝物になりました。父は良い意味で私には非常に怖い存在でしたが、母はそれに反して優しく、私の面倒を良く見てくれる人でした。ちょっとした買い物でも、私を連れだし、いろいろな物を見せ触らせてくれ、そして様々な話をしてくれたものでした。この母の教えが私にとって世の中というものがどういうものであるのか、また自分自身というもの、自己を認識させてくれるきっかけになったと思っています。確かに幼稚園へは通わなかったので、いわゆる

友達と一緒に遊ぶという機会はあまりなく、ほとんどの時間自分で遊ぶか、母と出かけるという事ばかりでした。ですが私はそれで寂しいと感じた記憶はないのです。しかしこの事が今なお続いている対人関係を苦手とする原因の一つになっているのかもしれません。対人関係や団体行動を苦手とするのは、私のような視力障害者だけではなく、多くの障害者が経験することで、また人によっては、大きくやっかいな問題の一つです。盲学校に入りある意味保護されていた世界で過ごしていた時期には、この対人関係の大変さを気にしたことは今ほどは有りませんでした。生徒の人数も普通の学校と違い限られ、周りの人々も見えないと言う事がどういう事なのか分かった上で行動してくれていたからです。ところが大きな一般大学に入ることになった私はこの見えないと言う事の不便さと煩わしさ、そして情けなさをイヤというほど実感したのです。ちょっとしたきっかけで出会い、この人と仲良くしたい、そして友人になりたいと思っても、翌日学校へ行っても目的のその人がはたして今どこにいるのかが分からないのです。たとえ近くにいたとしても、こちらから彼ら、あるいは彼女らを見つけて自分の方から「おはよう」の一言さえ言うことが困

難なのです。大きいキャンパス内では相手から私に向かって話しかけてくれない限り、私は目的の人とちょっとした会話をすることもできないのです。自分の方からこれから親しくなりたいと思っている最初の段階で、このような受け身の状態では、自分によほどの魅力がないかぎり、友達作りは難しいものになってしまいます。同様の問題が大学を出て一般の会社に入ってからも言えるのです。組織で動いている会社内では仲間達の今の様子や相手の状態、そしていわゆるその人たちの顔色をうかがったうえでその場に応じたやりとりをしなければ、仕事は進んで行きません。そうでなくても人の助けを借りなければ、なかなか事が運ばない自分にとって、相手が今忙しそうにしているのか、今話しかけても良い場面なのかはっきり分からないことがほとんどなのです。またたとえ自分の苦手とする人が近くに居たとしても、すぐにはその状況が把握できません。普通の人であればこのような場面では、無意識の内に自分の行動を瞬間的に決定し、うまく振る舞うことでしょう。学生の頃であれば人との関わり合いがうまく行かずに落ち込んだとしても、学校に行かず引きこもって勉強をしていれば済むのですが、組織で働くということになるとそんな訳

にはいきません。この、人との関わり合いの難しさは仕事ができるできないという以前の問題で、組織内でのコミュニケーションの大変さに神経をすり切らせ、そしてイヤになって行くのです。見えないがために、周囲の状況や自分の姿を客観的に見ることが困難であるということで、幼い頃からよく親や盲学校の先生方から、自分がどのように周りから常に見られているのかちょっと考え、周囲の人の目を意識しなさいと繰り返し教えられました。この事は、決して間違っていることではないのです。一人で外出する際でもちょっと汚れた格好で歩いている時と比べ、それなりの服装で歩いている時の方が、「大丈夫ですか。どこへ行きますか。」と言う声を掛けられることが多いのが実感です。これは実に当たり前で当然の事で、やはりそれなりにきちんとした格好をしている人間に対しては、手を貸してあげようと言う周りの人々の無意識の判断はごく自然な事です。やはり第一印象がとても大切なのです。

　小学校に上がる年齢になり、私は盲学校に入ることになりました。家の近所には盲学校はなかったので、鈍行列車、つまり田舎の各駅停車に乗って２時間ほどかかる所

に入学しました。田舎の交通事情なので毎日家から通うことは不可能です。そこで学校の寮に入り、土曜日の午後に家へ帰り、翌日の日曜日の午後には寮に戻るという生活が始まりました。住み慣れた親元を離れ、寮母先生という他人の指導を受け、そして衣食住を同じ境遇の友達と共にしなければならないという毎日は、もちろん楽しかったこともあったのですが、幼かった私にはあまり良い思い出はないのです。どうしても暗いことが印象に残ってしまうのです。自分とあまり馬が合わない寮母先生との生活、そして中でも困ってしまったのは、嫌いな友達と寮の部屋割りが同室になることでした。部屋割りは寮母先生達が決めるのですが、先生達もどの子供どうしが仲が良いとか悪いという事には無頓着で、大人の都合で決まっていました。この部屋割りは学校の学期毎に変わるので、少なくともその学期中は気の合わない仲間と寝泊まりを共にする事になります。これは気の休まる時が全くないようなものでした。私はこれに耐えられず、土曜日に家に帰り、そのまま暫く学校へは戻らないと言うことを何度と無く繰り返すのでした。いわゆる登校拒否です。当時は今と違って学校や先生と言う存在は絶対的なものでした。私は学校へ行きたくない本

当の理由ははっきり言えなかったのですが、両親は薄々理由に気が付いていたのでしょう、しつこくその理由を私に聞いたり、学校へ戻れとは言いませんでした。そしてその両親の態度が、私にとっては学校へ戻らなければという多少のプレッシャーになり、数日間家で過ごした後、学校へ戻るのでした。雪がしんしんと降る中を鈍行列車に揺られながら母に連れられ学校へ戻って行ったことを、今でも鮮明に覚えています。その母も私が１６歳の時に亡くなりました。体調が悪く入院していることは、寮にいた私には最初知らされていませんでした。今でもちょっと心に重く残っているのは、大好きだった母が日に日にと悪くなって行く姿を見るのが怖く、毎日病院へ行くのが非常に恐ろしく感じたことです。まともな話が母とできず、早く家へ逃げ帰りたかったのです。単なる偶然なのですが、今でも不思議に感じるのは、母は私が留学のために渡米する三日前に合わせるように亡くなったのでした。亡くなった直後はなぜか悲しいとか残念だとか言うような感情は一切感じなかったのです。１週間後、留学先のホームステイしている家のバスルームで、急に悲しくなり一人で大泣きしたことを今でも覚えています。

学校生活や学習面では、とにかく一人でできることを増やし、最終的に独立ができることを目標としていました。一人で身の回りの事ができるようになることはもちろん、学年が上がるに連れて自分で調べてまとめられるようになる等、最終的には限りなく一般の学生並に近づけるというものです。しかしどうしても自分一人だけでは解決できない事も次々と出てきます。小学生の頃、社会科見学でお世話になった人にお礼状を書くという時間がありました。そこで私は点字で手紙を書きました。ですがもちろん点字で書いた手紙では、先方は読むことはできません。そこでその手紙に、先生が一般の文字でカナを振って下さり、それを相手にお送りするという事になりました。その時初めて自分一人の力では手紙１本完結することができないという事に気が付いたのです。点字で書いた手紙を、相手が受け取っても、無意味であると言うことはもちろん理解はしていたのです。ですが自分一人の力で手紙すら送ることができない自分を受け入れる事ができず、どこか割り切れない気持ちと悔しさを感じたのです。

　小学生のころから盲学校に入っていたので、ある程度保

護された環境にいたため、それほど不自由さや他の一般の子供たちとの差をあまり認識せずに過ごすことができたのですが、これはある意味隠蔽されていたとも言えるのです。しかしこの隠蔽も私の年齢が増す毎に、ほころびを見せて来たのです。自由に漫画や本が読めない、自由にどこでもすぐに一人で行けない、そして自由に恋愛ができないなど。これがよくある話ならば、これらの困難をバネにして、頑張ったとなるのかもしれませんが、私の場合はあまりそのようにはなりませんでした。バネが伸びきってしまい、総て自分が見えないことに問題を落ち着かせ、そして実に神様は意地の悪い足かせを私にかけたものだと恨むのです。そして世の中が嫌いになり、人に親切にされればされるほど人がいやになって行くのでした。そして自分自身も嫌いになり、生きていてごめんなさいと思うのでした。

　ところがこんな私にも、二人の小さな恋人に恵まれたのです。彼らは総ての面で私に頼って来るのでした。私がどのような人間であるのか、今までどのようにして生きてきたのかと言うことには全く関係なく、無邪気にそして何の疑いもなく小さな手を伸ばし、全面的に私に頼ってくるの

です。私はこの小さな恋人を抱き包みミルクを与えおむつを替え、そしてお風呂に入れて過ごす毎日が始まりました。切なくなるぐらい彼らがかわいいと感じました。よく大きくなったら親孝行をと言いますが、生まれてきてくれ、そしてこのかわいい姿を見せてくれただけで、私は十分に親孝行に値すると思います。ずっと人にばかり頼って生きてきた自分に対して、彼らは人に頼られる喜びを私に教えてくれたのです。彼らにとっての私の存在価値を教えてくれました。

　最初の間は多少の抵抗感はあったのですが、白い杖を持ち赤ちゃんを背負って外を歩く姿はかなりのインパクトがあるようで、周りの人もよく助けてくれました。夜中急いで子供を病院へ連れて行かなければならないとき、タクシーを拾ってくれたコンビニのお兄さん、タクシーの中で子供が戻してしまったときにも大目に見てくれた運転手さん、駅のホームや危険な場所で手をよく貸してくれた人たちなど、実に多くの周りの人たちに助けられて子供たちと過ごして来られました。その時私は昔の自分とは違って、そのように手を貸してくれた人たちに対して「ありがとう。」と、

素直にごく自然な気持ちで言えている自分を発見したのです。このような気持ちになれたのは、私が以前よりは大人になったせいなのかもしれませんが、でも私を素直な気持ちにさせたのは、背中に感じている小さくてどこか危ういけれども温かく確実な存在のおかげだと気づきました。

　社会は私たち障害者を時として保護すべき対象として扱います。それはしかたないことで、現実にいろいろな配慮を受けて生活を送っています。逆に何の配慮もなければ生きて行くのは困難です。この流れでどうしても半人前と言う評価も受けます。それが現実です。ところが子供たちを育て、そして外へ連れ歩いていると、一人前の扱いを受けるのです。相手の方もこちらが子供を連れていると、いつの間にか構えもとれて、ごく自然なやり取りが生まれるのです。またどうしてもこちらが見えないので、子供たちを公園へ連れて行くのも最初は少しためらわれました。それは例えばどのような順番で滑り台の所で並んでいるのか、それとも今はだれも使っていないのか等、やはり状況判断が付きにくいのです。周りの様子を把握できなければできない分、その場の雰囲気を乱してはいけないと言う脅迫観

念に陥るのです。ですが子供を連れていることもあって、周囲の人がそれなりに的確に教えてくれるのです。私にとっては子供は社会とのかすがいなのです。

　人はよく、愛という言葉を口にします。この言葉の意味するところは、この人のためであるならば自分の命をも引き替えにすることができる、というぐらいの力があり、それだけ重大で重い言葉なのだと思うのです。私はこの子たちに対して、この愛を持って接することができると思っています。

　私は戦争を知らずに育ってきました。頭の中での理屈では戦争というものの悲惨さや惨さ、そして組織というものの怖さと非情さというものを分かっていたつもりでした。時々我が子の寝顔を見ていると、突然不安な気持ちになるのです。「もしこの子たちが戦争に行かされるような事態になってしまったらどうしよう。」と、ふと考えてしまうのです。その時私はその事態に耐えようとするのだろうか。それともたとえどんな卑怯な手を使ったとしても、この子たちをそこから救おうとするのだろうか。そしてそれだけの

力がその時の自分にはあるのか、でもそんな力がなかったならばと、次々と怖い想像が私の脳裏を駆けめぐるのです。ちょっと前まで問答無用で戦争に我が子を連れ去られ、我が子を殺された親の気持ち、どんなに悲しくそしてどんなに戦争を憎く思っているのか、本当に少しですが実感できる気がするのです。どんなテレビ番組やそして多くの戦争体験者からの話を聞いても、今思えば私は何も分かっていなかったのだと気づくのです。今まではただ分かった気になっていただけなのです。子供を持って、そして彼らに教えられ、少しではあるのですが初めて分かったような気がします。戦争とまでは言わなくても、最近の原発事故やその対応を見るだけでも、戦争とあまり変わらない事態が繰り広げられています。大人の世界の茶番劇が見えてくるのです。事故後の子供たちに対する対応、分からないならば分からないと言えない大人、そして分からないとは言ってはいけない組織の風潮、いざとなったら何一つできないインテリ集団、これら大人の世界の屁理屈が総て問題を先送りされ、見て見ぬ振りをして、結果的に我が子供たちに確実に総てのつけが回って来るのです。

しかしそんな私の考えとは無縁に、子供たちはありがたいことに少し大きくなってくれました。今日も二人の兄弟を連れて、プールにやってきました。ここはありがたいことに私が見えなくても、気楽に子供たちを遊ばせることができる所なのです。プールサイドに座り兄弟が仲良く遊ぶ姿を見ていると、幼い頃母に私もプールに連れていってもらった思い出がよみがえってくるのです。私の母も視力がかなり弱い人でした。夏休みに入ると、母は時間を見つけては近くの市営プールに連れて行ってくれたものでした。視力が弱い母が、同じくほとんど見えていない小学校低学年の私を、芋を洗うように混んでいるプールへ連れて行くということが、どれほど神経を使い大変だったと言うことは、今の私ならば想像ができるのです。普段学校の寮で生活を送っている我が子が、夏休みになって久しぶりに家に帰ってきているのです。少しでも時間をやりくりしてプールに連れていってあげようと言うのが、母の思うことだったのです。そのある夏休みの日、最初の内は私も母に心配をかけてはいけないと思い近くで遊んでいたのですが、それなりに水泳は嫌いではなかった私は、いつの間にか母のもとを離れ迷ってしまったようでした。監視員の人が私を

保護して母のもとに連れていってくれました。係りの人にちょっときつく注意された母は、その最中一言も自分の視力が弱いと言うようないいわけをせずに謝っていました。その後プールサイドの売店に私を連れて行きジュースなどを買ってくれ、私にも謝ってくれたのでした。

　そんな昔のことをぼんやりと思い出していると、「パパお昼のおべんとうを買ってもう家に帰ろうよ。」と言う声が聞こえました。「そうだね。そうしようか。」と答え、子供たちの手を取ってゆっくりと立ち上がりました。その瞬間私は感じたのです。穏やかな日曜日の一時を子供たちと一緒にプールで過ごすことができ、そしてささやかなお昼ご飯を買って帰れる幸せを。そしてその時、私は少し何かが分かったような気がしたのです。今まで私を助けてくれた世の中に対してちょっぴりだけど恩返しをするとしたら、この子たちを立派に育てて社会へ送り出してあげる事だと、それが私の役割なのだと気づいたのです。

　子供たちに連れられて外へ出ると、暑い夏のまぶしい陽射しが飛び込んで来ました。子供たちに帽子をかぶせ、両

手で二人の子と手を繋ぎ、お昼を買いにコンビニへ急ぐのでした。どこからか今年初めてのセミの声が聞こえて来たのでした。

編集にあたって

　昨年の１０月に視覚障害者当事者による子育てセミナーが開かれました。この本は、その時に発表された４人の方の原稿をまとめたものです。子育てセミナーとしては非常に珍しく、女性が１名、男性が３名の発表となりました。

　まことに勝手ながら編集を担当させて頂いた私が、自分の生い立ちから子育てに至るまでの過程と、子育てによって影響を受けた心境の変化などを書かせて頂きました。

　最後に、セミナーで発表をして下さった３名の深谷さん、長岡先生、大橋さんに深くお礼を申し上げます。またこの本を出版するに当たって、桜雲会の皆さんには大変お世話になりました。皆様に感謝いたします。そして私たちの子供たちにも本当にありがとうございます。

　２０１２年３月
　編集人　渡辺　勝明

セミナー風景 　　　　　　　セッション風景

グループセッション1 　　　グループセッション2

グループセッション3 　　　グループセッション4

親と子の絆　〜視覚障害者のための子育て支援セミナー〜

発　行　日	2012年6月15日
編　　　集	社会福祉法人桜雲会、渡辺勝明
発行責任者	高橋昌巳
発　　　行	社会福祉法人桜雲会点字出版部
	〒169-0075
	東京都新宿区高田馬場 4-11-14-102
	TEL・FAX 03-5337-7866
	E-MAIL　ounkai@nifty.com
	URL　　http://homepage2.nifty.com/ounkai/

ⓒ　桜雲会　本書の無断複製・転写を禁じます。